Eugene Gladstone O'Neill

Long Day's Journey into Night

밤으로의 긴 여로

1판 1쇄 발행 2022년 12월 9일

지은이 | 유진 오닐
옮긴이 | 이형식
발행인 | 신현부

발행처 | 부북스
주소 | 04613 서울시 중구 다산로29길 52—15[신당동], 301호
전화 | 02 – 2235 – 6041
팩스 | 02 – 2253 – 6042
이메일 | boobooks@naver.com

ISBN 979-11-91758-20-7 04080
       978-89-93785-07-4 [세트]

부클래식

095

밤으로의 긴 여로

유진 오닐

이형식 옮김

부북스

차례

칼로타에게,
결혼 12주년 기념일에

여보, 눈물과 피로 쓴 오래된 슬픔의 희곡 원본 원고를 당신에게 드리오. 행복을 축하하는 날에 선사하기에는 딱할 정도로 부적절한 선물로 보일 거요. 하지만 이해해주리라 믿소. 당신의 사랑과 다정함 덕분에 나는 사랑에 대한 믿음을 회복하고 마침내 죽은 가족들을 직면하고, 슬픔에 시달리는 타이론 가족 네 명 모두에 대한 깊은 연민과 이해와 용서를 품고서 이 극을 쓰게 되었소. 이 극은 당신의 사랑에 대한 감사의 표시라오.

사랑하는 당신, 당신과 보낸 12년은 빛으로, 사랑으로 가는 여로였소. 감사하는 내 마음을 당신은 알 것이요. 그리고 내 사랑도!

진
타오 하우스에서
1941년 7월 22일

무대 배경

제1막

타이론가(家)의 여름 별장 거실
1912년 8월의 어느 날 8시 30분

제2막, 1장

같은 장소, 12시 45분경

제2막, 2장

같은 장소, 30분 정도 후

제3막

같은 장소, 그날 저녁 6시 30분경

제4막

같은 장소, 자정쯤

제1막

무대배경

1912년 8월 어느 아침 제임스 타이론의 여름 별장의 거실.

뒤에는 칸막이 커튼이 쳐진 이중문이 두 개 있다. 오른쪽 문은, 거의 사용하지 않는 방이 늘 그렇듯이 의례적으로 꾸며진 분위기를 풍기는, 앞쪽 응접실로 연결된다. 다른 문은 거실에서 식당으로 가는 통로 외에는 사용되지 않는, 창문이 없는 어두운 응접실로 연결된다. 두 개의 문 사이의 벽에는 작은 책장이 있는데, 그 위에는 셰익스피어의 사진이 있고, 그 안에는 발자크, 졸라, 스탕달의 소설책들이, 쇼펜하우어, 니체, 마르크스, 엥겔스, 크로포트킨, 막스 슈티르너의 철학과 사회학 작품들이, 입센, 쇼, 스트린드베리의 희곡들이, 스윈번, 로제티, 와일드, 어니스트 다우슨, 키플링 등의 시집들이 꽂혀있다.

뒤쪽 오른편 벽의 방충망 문은 현관으로 통하고, 현관은 집 주위를 반쯤 감싼다. 더 앞쪽에는 연달아 난 창문 세 개를 통해 집 앞 잔디 너머로 항구와 부두를 따라 난 큰 거리가 보인다. 창문들 옆에는 작은 고리버들 테이블과 평범한 참나무 책상이 벽에 기대어 있다.

왼쪽 벽에는 연달아 비슷하게 난 창문들 너머로 집 뒤쪽 마당이 보인다. 창문들 밑에는 머리를 뒤쪽으로 둔 고리버들 소파가 쿠션들과 함께 있다. 훨씬 더 뒤에는 유리를 끼운 커다란 책장에는 뒤마와 빅토르 위고, 찰스 레버의 전집, 셰익스피어 전집 세 질, 50권으로 된 세계 명작, 흄의 《영국사》, 티에르가 쓴 《집정정부와 제국의 역사》, 스몰레트가 쓴 《영국사》, 기번의 《로마제국 흥망사》, 그리고 잡다한 오래된 희곡, 시집, 아일랜드 역사서 몇 권이 있다. 이 전집들에서 놀랄 만한 특징은 모두 읽고 또 읽은 흔적이 보인다는 것이다.

디자인이나 컬러가 눈에 거슬리지 않는 카펫이 강화마루 바닥을 거의 덮고 있다. 중앙에는 초록색 갓을 씌운 독서 램프가 둥근 테이블 위에 있고, 코드는 위에 있는 샹들리에의 네 개 소켓 중 하나에 꽂혀있다. 테이블 주위로 독서 등이 비치는 범위 안에 의자 네 개가 있는데, 세 개는 고리버들 안락의자이고, (테이블 오른쪽 앞에 있는) 네 번째는 니스 칠하고 바닥에 가죽을 댄 참나무 흔들의자이다.

시간은 8시 반경이고 햇볕이 오른쪽 창문을 통해 비친다.

막이 오르면, 가족들이 막 아침 식사를 마친 상태이다. 메리 타이론과 남편은 식당에서 나와 뒷응접실을 지나 함께 등장한다.

메리는 쉰네 살이며 키는 중간 정도이다. 여전히 젊고 우아한 몸매의 소유자이며 약간 통통하다. 하지만 타이트한 코르셋을 입지 않았는데도 중년의 허리와 엉덩이의 표가 나지 않는다. 얼굴은 아일랜드계임이 분명해 보인다. 젊었을 때는 매우 예쁜 얼굴이었음이 틀림없고 여전히 빼어난 미모이다. 건강한 몸매와는 매치가 되지 않는 그녀의 얼굴은 뼈 윤곽이 두드러지면서 마르고 창백하다. 코는 길고 곧으며, 입은 넓고 입술은 도톰하고 감각적이다. 립스틱이나 화장을 하지 않았다. 넓은 이마는 숱이 많은 순백색의 백발이 둘러싸고 있다. 창백함과 백발 때문에 진한 갈색 눈은 검은색으로 보인다. 특별히 크고 아름다운 눈에는 길고 말려 올라간 속눈썹과 검은 눈썹이 있다.

그녀를 볼 때 즉각적으로 받는 인상은 극도로 초조해한다는 것이다. 손이 잠시도 가만있지를 못한다. 손가락이 길고 갸름한 것이 젊을 때 아름다운 손이었음이 분명하지만, 류머티즘 때문에 마디가 굵어지고 손가락이 뒤틀려서 지금은 아름답지 못하고 병든 모양이 되었다. 초조함 때문에 손이 눈길을 끌게 되지만, 그녀가 그것을 통제할 수 없다는 생각에 굴욕감을 느끼며 신경 쓴다는 것을 알게 되면서 사람들은 손을 쳐다보는 걸 훨씬 더 피한다.

그녀는 수수하나 자기에게 맞는 센스 있는 옷차림을 하고 있다. 머리 손질은 꼼꼼하게 했다. 목소리는 부드럽고 매력적이다. 기분이 좋아지면 아일랜드식 흥이 목소리에 배어난다.

가장 사람을 끄는 그녀의 특징은 절대 잃어버리지 않는, 수줍은 수녀원 여학생의 젊음이 풍기는 소박하고 꾸밈없는 매력이다. 이 세상에서 찾아볼 수 없는 타고난 순수함이다.

제임스 타이론은 65세이지만 열 살은 젊어 보인다. 키가 173센티쯤에다 어깨가 넓고 가슴이 근육질이다. 고개를 들고, 가슴을 내밀고, 배를 집어넣고, 어깨를 활짝 편 군인 같은 몸가짐 때문에 실제보다 키가 크고 날씬해 보인다. 크고 잘생긴 두상, 핸섬한 옆모습, 깊숙한 연갈색 눈이 있는 그의 얼굴은 세월의 흔적이 나타나기 시작했지만, 여전히 상당히 잘생긴 편이다. 반백인 머리칼은 숱이 적고 수도승의 삭발한 머리처럼 벗어졌다.

직업의 흔적이 그에게 분명히 보인다. 그렇다고 그가 일부러 연극배우의 까다로운 태도를 보인다는 뜻은 아니다. 그는 천성적으로나 기호상으로 단순하고 겸손한 남자이며, 성향은 자신의 미천한 출생과 농사꾼인 아일랜드 조상에 여전히 가깝다. 그러나 무의식적인 말, 움직임, 제스처에서 배우라는 것이 드러난다. 이것들에서 오랜 연구를 통해 습득한 기술의 티가 난다. 목소리는 상당히 아름답고, 낭랑하고 유연하며 그것에 대해 매우 자부심을 느낀다.

그의 옷은 단연코 낭만적인 역할의 의상이 아니다. 낡은 기성품의 회색 신사복을 입고 광이 나지 않는 검은색 신발을 신었다. 목에는 두꺼운 흰색 손수건을 매듭지어 느슨하게 묶고 칼라가 없는 셔츠를 입었다. 이 옷

차림에는 특별히 소박하다는 느낌은 없다. 그냥 보통의 초라한 차림새이다. 그는 옷을 최대한 낡을 때까지 입어야 한다고 생각하는 사람이고, 지금은 정원 일을 하려고 옷을 입고 있는데, 어떻게 보이든 전혀 신경을 쓰지 않는다.

그는 평생 하루도 아파본 적이 없다. 그에게는 신경 과민증이 없다. 그에게는 탄탄하고 순박한 농부 같은 면이 많이 있으며, 가끔씩 감상적인 멜랑콜리 기질과 본능적인 감성의 번뜩임이 있다. 그는 뒷응접실에서 들어오면서 아내의 허리를 감싸고 있다. 거실에 들어서면서 장난스럽게 아내를 껴안는다.

타이론: 여보, 체중이 9킬로 늘더니 이제 품에 꽉 차네.

메리 (사랑스럽게 미소 지으며): 너무 살이 쪘다는 말이군요. 정말 살 좀 빼야 해요.

타이론: 말도 안 되는 소리요, 부인! 딱 알맞아. 살 뺀다는 이야기는 하지 맙시다. 아침을 조금 먹은 게 그 때문이요?

메리: 조금 먹었다고요? 많이 먹었다고 생각했는데.

타이론: 아니요. 어쨌든 내가 원하는 만큼은 아니야.

메리 (놀리며): 당신도 참! 모든 사람이 당신만큼 거창하게 아침 식사 하기를 기대하시는군요. 그렇게 먹었다가는 소화불량에 걸려 죽지 않을 사람이 없을 거예요.

(앞으로 나와 테이블 오른쪽에 선다.)

타이론 (그녀를 따라 나오며): 그 말처럼 내가 엄청난 먹보는 아니면 좋겠소. (진심으로 만족하며) 하지만 내가 65세인데도, 식욕을 계속 유지하고 20세의 소화력을 가진 건 감사할 일이야.

메리: 정말 그래요, 여보. 그건 아무도 부정하지 못하죠.

(웃으면서 테이블 오른쪽 뒤에 있는 등나무 안락의자에 앉는다. 타이론은 그녀 뒤를 돌아가서 테이블에 있는 상자에서 시가를 꺼내 작은 가위로 끝을 잘라낸다. 식당에서 제이미와 에드먼드의 목소리가 들린다. 메리가 그쪽을 향해 고개를 돌린다.)

쟤들은 왜 식당에 남아있는 거죠? 캐슬린이 식탁을 치우려고 기다리고 있는데.

타이론 (농담이지만 약간 불만 섞인 어조로): 내가 안 들었으면 하는 비밀을 이야기하는 중일 거야. 틀림없이 이 아버지를 자극할 계략을 꾸미고 있을 거야.

(메리는 고개를 목소리 나는 쪽으로 향한 채 이 말에 아무 반응을 하지 않는다. 손을 식탁 위에 올려놓고 불안하게 움직인다. 그는 시가에 불을 붙이고 테이블 오른쪽에 있는 자기 전용 의자인 흔들의자에 앉아

만족스러운 듯 연기를 내뿜는다.)

좋은 품질이라면 아침 식사 후 처음 피우는 시가만큼 좋은 건 없지. 그리고 이 새로 산 시가는 달콤한 향이 나는군. 아주 싸게 샀어. 정말 싸게 샀지. 맥과이어가 그걸 사라고 권했어.

메리 (약간 톡 쏘며): 그와 동시에 땅도 새로 사라고 하지는 않았겠죠. 그 사람이 권하는 부동산은 결과가 좋지 않아요.

타이론 (방어적으로): 여보, 그렇지 않아. 체스터 거리에 있는 집을 사라고 한 것도 그 사람이었고 나는 그걸 재빨리 되팔아서 꽤 이익을 챙겼잖소.

메리 (다시 놀리듯이 사랑스러운 미소로): 저도 알아요. 정말 운이 좋았던 거죠. 맥과이어 씨는 틀림없이 꿈도 꾸지 못했을…… (그의 손을 토닥거리며) 아니에요, 제임스. 당신이 약삭빠른 부동산 투기꾼이 아니라는 걸 설득하는 건 괜한 시간 낭비예요.

타이론 (통명스럽게): 그럴 생각 없소. 하지만 땅은 땅이지, 그리고 월가 사기꾼들의 주식이나 채권보다는 안전하지. (그러다가 달래듯이) 하지만 이른 아침부터 사업 이야기로 싸우지 맙시다.

(휴지. 두 아들의 목소리가 다시 들리고 그중 한 명이 발작적으로 기침을 한다. 메리가 걱정스럽게 듣는다. 그녀의 손가락이 테이블 위에서 초조하게 춤을 춘다.)

메리: 제임스, 많이 안 먹는다고 야단칠 사람은 에드먼드예요. 커피 말고는 거의 손을 대지 않았어요. 기운을 차리려면 먹어야 해요. 내가 계속 이야기하는데도 입맛이 없다는 말만 하네요. 물론, 식욕을 빼앗아가는 건 여름 감기만 한 게 없죠.

타이론: 그래요, 그건 당연한 거야. 그러니 당신도 너무 걱정하지 말고……

메리 (재빨리): 오, 걱정 안 해요. 몸만 잘 관리하면 며칠 안에 괜찮아질 거예요. (이 문제는 더는 거론하고 싶지 않은데 잘 안 된다는 듯이) 하지만 지금 같은 시기에 병이 난다는 건 정말 속상해요.

타이론: 그래, 운이 나쁜 거야. (걱정스러운 듯 힐끗 바라본다) 하지만 그렇다고 당신이 흔들려서는 안 돼요, 메리. 당신 자신의 몸도 신경 써야 하는데.

메리 (재빨리): 걱정 안 해요. 걱정할 게 뭐가 있어요. 당신은 내가 왜 걱정한다고 생각해요?

타이론: 아니, 그렇지 않아. 그냥 지난 며칠 동안 당신이 좀 신경이 곤두선 것처럼 보여서.

메리 (억지로 미소를 지으며): 제가요? 말도 안 돼. 당신이 그렇게 상상한 것뿐이에요. (갑자기 긴장하며) 제임스, 나를 그런 식으로 항상 감시하지 말아요. 제 말은 그럴수록 더 신경이 쓰인단 말이에요.

타이론 (초조하게 움직이고 있는 두 손 중 하나에 자기 손을 얹으며): 자,

자, 메리. 그건 당신이 상상한 거야. 내가 당신을 지켜봤다면 그건 당신이 얼마나 통통하고 아름다운지 감상하려고 본 거야. (갑자기 감정이 복받치며 목소리가 바뀐다.) 당신이 돌아온 후 원래의 당신 자신으로 돌아온 모습을 보는 게 나한테 얼마나 깊은 행복을 주는지 말할 수 없을 정도예요. (그녀 쪽으로 몸을 기울여 충동적으로 키스한다. 그리고 돌아서면서 긴장된 어조로 덧붙인다.) 그러니 계속 노력해요, 메리.

메리 (고개를 돌린다): 그럴게요, 여보. (초조한 듯 일어나 오른편 창문으로 간다.) 감사하게도 안개가 걷혔어요. (돌아선다) 사실 오늘 아침 기분이 좋지는 않아요. 밤새 저 몹쓸 무적이 울려대는 바람에 잠을 잘못 잤거든요.

타이론: 맞아, 뒷마당에 병든 고래가 있는 것 같아. 나도 잠을 잘못 잤어.

메리 (재미있다는 듯이 다정하게): 그래요? 그런데 당신은 불면증을 이상하게 표현하는 버릇이 있어요. 당신이 너무 코를 골아서 나는 어떤 게 무적인지 구분할 수가 없었다니까요! (웃으며 그에게 다가가 장난스럽게 볼을 토닥인다.) 무적 10개가 울려도 당신 잠을 방해할 수는 없어요. 당신 몸에는 신경이 없어요. 예전부터.

타이론 (허영심이 상처받아서 퉁명스럽게): 말도 안 돼. 당신은 항상 내 코골이에 대해 과장해서 말하지.

메리: 아니에요. 당신이 자기 코코는 소리를 한 번만 들어보면……
(식당에서 떠들썩한 웃음소리가 들린다. 메리는 미소 지으며 고개를
돌린다.)

무슨 농담일까 궁금하네.

타이론 (심통이 나서): 나를 놀리는 거겠지. 틀림없어. 항상 아버지
를 놀리는 거지.

메리 (놀리면서): 맞아요. 우리 모두 당신을 놀리다니 너무 못됐죠?
불쌍한 사람! (웃는다. 그리고 즐거운 안도의 분위기로) 뭘 가지고
놀리는지 몰라도 에드먼드가 웃는 소리를 듣다니 너무 안심이
에요. 최근에 너무 침울했는데.

타이론 (그녀의 말을 듣지도 않고 앙심을 품고): 제이미가 놀리는 게 틀
림없어. 항상 누군가를 빈정대며 놀리고 있지, 저놈은.

메리: 불쌍한 제이미를 가지고 또 시작하지 말아요, 여보. (확신이
없는 말투로) 결국 잘될 거예요. 두고 보세요.

타이론: 그렇다면 곧 시작해야지. 거의 서른네 살인데.

메리 (이 말을 못 들은 척하며): 아니, 쟤들은 온종일 식당에 있을 거
야? (뒷응접실로 가서 부른다.)

제이미! 에드먼드! 거실로 와서 캐슬린이 식탁을 치울 기회를
줘야지.

(에드먼드가 대답한다. "가요, 엄마." 그녀는 다시 테이블로 돌아온다.)
메리 (그의 옆에 앉으며 그의 손을 토닥인다.): 쉬.

(두 아들 제임스 2세와 에드먼드가 뒷응접실에서 등장한다. 웃음보가 터진 내용 때문에 여전히 껄껄대면서 환한 얼굴로 들어온다. 앞으로 나오면서 아버지를 보고 더 환하게 웃는다.

형 제이미는 34세이다. 아버지처럼 어깨가 넓고 근육질의 몸매이며 키가 2센티 정도 더 크고 체중이 적게 나간다. 그렇지만 아버지의 몸가짐과 우아한 거동이 없는지라 더 작고 땅땅하게 보인다. 아버지처럼 활력이 넘치지도 않는다. 너무 일찍 망가지려는 조짐이 보인다. 방탕의 흔적에도 불구하고 여전히 잘생긴 얼굴이다. 하지만 엄마보다는 아버지를 닮았음에도 불구하고 타이론만큼 핸섬한 적은 없었다. 눈은 갈색인데 아버지의 연한 색깔과 엄마의 진한 색깔의 중간이다. 머리숱이 옅어지고 있어 아버지처럼 대머리가 될 조짐이 벌써 보인다. 코는 가족 중 누구와도 닮지 않은 분명한 매부리코이다. 매부리코는 습관적인 냉소적 표현과 어울려 메피스토펠레스 같은 인상을 준다. 비웃지 않고 미소를 짓는 아주 드문 경우에는 유머러스하고 낭만적이고 무책임한 아일랜드 사람의 매력을 보여준다. 감상적인 시인의 기질을 지닌 무능력자의 매력인데 여자에게는 매력적이고 남자들에게 인기를 끈다.

타이론처럼 초라하지는 않지만 낡은 신사복을 입었고 칼라와 타이도 갖추었다. 흰 피부는 햇볕에 타서 붉고 주근깨가 있다.

에드먼드는 형보다 10살 어리고 키는 5센티 정도 크고, 꼬챙이처럼 말랐다. 제이미가 어머니와는 전혀 닮지 않고 아버지를 닮았다면 에드먼드는 부모님을 모두 닮았으나, 어머니를 더 닮았다. 어머니의 크고 짙은 눈이 에드먼드의 길고 좁은 아일랜드풍 얼굴의 주된 특징이다. 입도 어머니처럼 극도의 감수성을 지니고 있다. 넓은 이마는 어머니의 이마가 강조된 모양이고, 햇볕 때문에 끝부분이 붉게 탈색된 진한 갈색 머리카락은 뒤로 빗어서 넘겼다. 코는 아버지의 코이고 얼굴 옆모습은 아버지를 닮았다. 유난히 손가락이 긴 에드먼드의 손은 분명히 어머니의 손을 닮았다. 어머니처럼 약간 불안감도 보인다. 어머니와 가장 닮은 점이 있다면 바로 이 극도의 불안한 예민함이다.

제이미는 건강이 나쁜 게 분명해 보인다. 너무 말랐고 눈에 열이 있어 보이며 뺨은 움푹 들어갔다. 피부는 햇볕에 타 짙은 갈색인데도, 윤기가 없고 창백하다. 셔츠에 칼라를 하고 타이를 맸지만, 윗도리는 입지 않고 낡은 플란넬 바지와 갈색 운동화를 착용했다.)

메리 (그들을 향해 웃으며, 약간 애써서 즐거운 어조를 띠며): 지금까지 아빠 코골이 때문에 놀려줬단다. (타이론에게) 아이들에게 판단을 맡길게요, 제임스. 쟤들도 당신 소리를 들었을 테니. 아니,

제이미 너는 말고. 네 소리는 아빠만큼이나 크게 복도 끝에서
도 들리니까. 너는 아빠와 똑 닮았어. 머리를 베개에 대자마자
잠들면 무적 소리가 아무리 크다 해도 너를 깨울 수 없지. (제이
미가 자신을 불안하게 뚫어지게 쳐다보는 눈길을 포착하자 말을 급하
게 중단한다. 미소가 사라지고 태도가 자의식적이 된다.) 제이미, 뭘
보니? (초조하게 손을 머리로 가져간다.) 내 머리가 내려왔니? 요
즘은 머리를 제대로 매만지기가 힘드네. 시력이 너무 나빠지더
니 안경을 찾기가 힘들어.

제이미 (찔려서 딴 곳으로 눈을 돌리며): 머리는 괜찮아요, 엄마. 엄마
　　모습이 너무 보기 좋아서 그랬어요.

타이론 (진심을 다해서): 나도 바로 그 말을 엄마한테 해주고 있었단
　　다, 제이미. 엄마가 살이 붙고 생기가 넘치니, 곧 엄마를 안을
　　수 없을 거야.

에드먼드: 맞아요, 엄마 정말 멋져요.

(메리는 안심이 되는지 그를 보고 사랑스럽게 미소 짓는다. 에드먼드
는 놀리듯이 씩 웃으며 윙크를 한다.)

아빠의 코골이에 대해서는 저도 같은 생각이에요. 와, 정말 얼
마나 시끄러운지!

제이미: 저도 들었어요. (신파조로 연극 대사를 연기한다) "무어인입

니다. 그의 트럼펫 소리가 틀림없어요."[01]

(엄마와 동생이 웃는다.)

타이론 (매몰차게): 내 코골이를 듣고 경마 정보지가 아니라 셰익스
피어가 생각난다면 앞으로도 얼마든지 곯아주마.

메리: 제임스! 그렇게 예민하게 굴 일이 아닌데.

(제이미는 어깨를 으쓱한 뒤 엄마 오른쪽 의자에 앉는다.)

에드먼드 (짜증을 내며): 제발, 아빠! 아침 식사를 하자마자 또 시작
이세요! 제발 좀 그만하세요.

(그가 테이블 왼쪽에 있는 형의 옆자리 의자에 털썩 앉는다. 아버지는
그의 말을 들은 척 만 척한다.)

메리 (나무라듯이): 아빠가 형을 책잡는 것이 아니었어. 네가 항상
형의 편만 들 필요 없잖니. 누가 보면 네가 열 살 위라고 하겠
다.

---

01 셰익스피어의 《오셀로》에서 오셀로의 배가 들어오는 신호를 듣고 이야고가
한 대사이다.

제이미 (따분하다는 듯이): 왜 난리예요? 그만둡시다.

타이론 (경멸조로): 그래, 그만두자! 모두 그만두고 아무것도 직면
하지 말고! 인생에 아무런 야망이 없는 사람에게는 참 편리한
철학이지. 단지……

메리: 여보, 조용히 해요. (팔로 그의 어깨를 달래듯이 감싼다.) 오늘 아
침 심기가 불편하신가 봐요. (두 아들에게, 화제를 바꾸며) 너희가
들어올 때 뭣 때문에 체서 고양이처럼 낄낄댔니? 뭐가 그렇게
재미있었어?

타이론 (툭툭 털어버리려고 애쓰며): 그래, 한번 들어보자. 네 엄마한
테는 틀림없이 내 이야기를 하는 거라고 말했다만, 그건 신경
쓰지 마. 적응되었으니까.

제이미 (냉담하게): 저를 보지 마세요. 동생의 이야기니까.

에드먼드 (씩 웃으며): 아빠, 사실은 어젯밤에 말씀드리려고 했는데
잊어버렸어요. 어제 산책하러 나갔다가 술집에 들렀는데……

메리 (걱정스럽게): 너 이제 술 마시면 안 돼, 에드먼드.

에드먼드 (신경 쓰지 않으며): 거기서 술에 잔뜩 취한 사람을 만났는
데 누구겠어요. 바로 아버지 농장의 소작인 쇼네시였어요.

메리 (웃으며): 그 끔찍한 양반! 하지만 재미있는 사람이야.

타이론 (상을 찌푸리며): 그 사람이 당신 소작인일 때는 하나도 안
우스워. 그놈은 잔꾀나 부리는 가난한 아일랜드 사람이야. 속
이 엉큼하지. 이번에는 뭘 가지고 불평하더냐, 에드먼드? 틀림

없이 뭔가 불평했을 거야. 소작료를 내려달라고 하고 싶은 거지. 단지 빈 땅으로 두지 않으려고 거의 공짜로 사용하게 했는데, 내가 쫓아낸다고 위협해야 세를 낸다니까.

에드먼드: 아뇨, 전혀 불평하지 않았어요. 인생이 너무 만족스러워 한잔 사기까지 했는데, 그건 정말 해가 서쪽에서 뜰 일이잖아요. 스탠다드 정유회사 부자인 아버지 친구 하커와 싸움을 해서 멋지게 이겼다고 너무 좋아했어요.

메리 (재미있어하면서도 당황해서): 오, 주님! 제임스, 당신 정말 무슨 조치를 취해야……

타이론: 쇼네시 이놈은 어쨌든 벌 받을 거야!

제이미 (심술궂게): 다음에 아버지가 클럽에서 하커를 만나서 정중히 인사를 하더라도 아마 못 본 척할걸요.

에드먼드: 네. 미국의 석유왕 앞에서 절대로 고분고분하지 않은 소작인을 뒀으니. 아빠가 신사가 못 된다고 생각할 거예요.

타이론: 사회주의자들의 허튼소리는 관둬. 듣고 싶지 않으니까.

메리 (재치 있게): 이야기 계속해보렴, 에드먼드.

에드먼드 (아버지를 골리듯 씩 웃으며): 아빠, 하커 땅에 있는 냉각 연못[02]이 농장 바로 옆에 있잖아요. 그리고 쇼네시는 돼지를 키우

---

02 ice pond : 전기냉장고가 발명(1920년 후반)되기 전에는, 야채, 생선을 보존하기 위해 얼음을 사용하였는데, 그 얼음을 채취하는 연못. 부자들은 개인 냉각 연못을 갖고 있기도 하였다.

고요. 그런데 울타리에 구멍이 나서 돼지들이 백만장자의 연못에 들어가서 목욕을 줄곧 했나 봐요. 하커의 관리인은 쇼네시가 자기 돼지들이 마음대로 연못에서 뒹굴라고 일부러 울타리를 망가뜨렸다고 하커에게 말했다네요.

메리 (놀라면서 재미있어서): 어머나!

타이론 (심술궂게, 그러나 약간 감탄하는 기미를 보이며): 그 더러운 망나니가 분명히 그랬을 거야. 하는 짓이 꼭 그놈 같아.

에드먼드: 그래서 하커가 쇼네시를 꾸짖으러 몸소 찾아갔대요. (껄껄 웃으며) 바보 같은 짓이지! 우리의 지도층 부자들, 특히 부모에게 부를 물려받은 자들이 지적으로 대단한 인간들이 아니라는 증거가 필요하다면 이게 바로 증거가 될 거예요.

타이론 (생각 없이 인정하며): 그렇지, 그놈은 쇼네시의 상대가 안 돼. (그러다가 으르렁대며) 그따위 무정부주의자의 궤변은 집어치워. 우리 집에서는 용납 안 해. (하지만 결과가 궁금해서 죽겠다는 표정으로) 그래서 어떻게 됐어?

에드먼드: 하커가 이길 가능성은 제가 권투 챔피언인 잭 존슨과 싸울 때의 승산이나 마찬가지였죠. 쇼네시는 벌써 술을 몇 잔 하고 그를 맞이하려고 대문에서 기다리고 있었어요. 입 뻥긋할 기회도 안 줬다고 하더라고요. 그리고 이렇게 막 고함을 지르면서 싸움을 시작했대요. 나는 스탠다드오일이 짓밟을 수 있는 노예가 아니다. 나는 권리상으로 아일랜드의 왕이며, 쓰레기

같은 놈이 가난한 사람을 등쳐서 아무리 돈을 많이 벌었더라
도 나한테는 여전히 쓰레기다.

메리: 어머나! (하지만 웃음을 참지 못한다.)

에드먼드: 그러고 나서 하커에게 막 욕했다고 하네요. 네가 돼지들
을 냉각수로 유인하여 몰살하려고 일부러 관리인을 시켜 울타
리를 망가뜨리게 한 거 아니냐. 불쌍한 돼지들이 감기 걸려 죽
게 생겼어라고 고래고래 고함을 질렀대요. 폐렴에 걸려서 죽어
가는 놈들도 많고, 더러운 물을 마셔서 콜레라에 걸린 돼지들
도 많다며 손해배상 청구하러 변호사를 고용했다고 하커에게
말했대요. 그리고 마지막으로 자기는 옻, 진드기, 감자 딱정벌
레, 뱀, 스컹크가 농장에 들어오는 건 견딜 수 있지만, 되는 것
과 안 되는 것은 확실히 구분 짓는 정직한 남자다. 스탠다드오
일 도둑놈이 농장에 침입하는 건 도저히 못 참는다. 그러니 개
를 풀어놓기 전에 그 더러운 발을 내 땅에서 치워라. 이렇게 말
했대요. 그랬더니 하커가 시키는 대로 했다는군요!

(제이미와 함께 웃는다)

메리 (충격받았지만 웃으면서): 어머나, 그 사람 입 한번 거치네.

타이론 (미처 생각 못 하고 감탄하면서): 그 불한당 같은 놈! 와, 아무
도 못 이기겠는걸! (웃다가 갑자기 멈추고 으르렁댄다) 더러운 망

나니 같으니라고! 그놈 때문에 내가 골치 아프게 생겼어. 내가

불같이 화낼 거라고 그놈에게 말했겠지……

에드먼드: 위대한 아일랜드인의 승리로 인해 기분 좋아 죽을 것 같

다고 말했죠. 제 말대로 되었네요. 아닌 척하지 마세요. 아빠.

타이론: 내가 언제 좋아 죽겠다고 했냐.

메리 (놀리면서): 그렇잖아요, 제임스. 아주 좋아하시면서!

타이론: 아니, 메리, 농담은 농담이지만……

에드먼드: 제가 쇼네시에게 말했죠. 스탠다드오일 부자라면 냉각

수에 돼지 냄새나는 것쯤은 오히려 아주 어울리는 냄새로 받

아들여야 한다고 하커에게 말하지 그랬냐고.

타이론: 정말 그런 소리를 했다고! (인상을 찌푸리며) 네 빌어먹을

사회주의자 정서로 내 일에 끼어들지 마!

에드먼드: 쇼네시는 그걸 미처 생각 못 했다고 거의 울려고 하더군

요. 하지만 자기가 하지 못한 몇 가지 욕과 함께 하커에게 쓰는

편지에 꼭 포함시키겠다고 말했어요.

(형과 함께 웃는다)

타이론: 뭐가 우스워? 하나도 우습지 않구먼. 그놈이 나를 소송에 끌

고 들어가도록 부추기다니 도대체 너는 어떻게 된 아들놈이냐!

메리: 자, 제임스. 화내지 마세요.

타이론 (제이미에게): 쟤를 부추기다니 너는 더 나빠. 거기 있으면서 쇼네시가 더 고약한 욕을 하도록 도와주지 못한 걸 아쉬워하는 것 같구나. 다른 건 몰라도 너는 그 점에 있어서 훌륭한 재능이 있지.

메리: 제임스! 제이미를 나무랄 이유는 없어요.

(제이미는 뭔가 아버지를 빈정대는 말을 하려다가 그냥 어깨를 으쓱한다.)

에드먼드 (갑자기 짜증이 나서) 아, 제발, 아빠! 그런 이야기 또 하시려면 저는 그냥 꺼질게요. (벌떡 일어난다) 어쨌든 책도 이 층에 두고 왔어요. (앞 응접실로 가면서 화가 나서 말한다). 제발 아빠, 이제 그런 이야기를 하는 게 넌더리가 날 만도 한데……

(그가 가버린다. 타이론이 그가 나간 쪽을 화가 나서 바라본다.)

메리: 신경 쓰지 말아요, 제임스. 몸이 성한 애가 아니잖아요.

(에드먼드가 이 층으로 가면서 기침하는 소리가 들린다. 메리가 걱정스럽게 덧붙인다.)

여름 감기는 사람을 짜증 나게 해.

제이미 (진심으로 걱정이 되어): 감기 걸린 게 아니에요. 저놈은 병에 걸린 거라고요.

(아빠가 경고의 눈빛을 보내지만, 그는 그걸 보지 못한다.)

메리 (그에게 나무라듯이 돌아서서): 그런 말을 왜 하니? 그냥 감기라고! 누구라도 알 수 있어! 너는 항상 상상이 너무 심해!

타이론 (제이미에게 또다시 경고의 눈길을 보내며, 편안하게): 제이미의 말은 에드먼드에게 약간 다른 기미가 있을 수 있다는 거지. 그래서 감기도 심해지는 거고.

제이미: 맞아요, 엄마. 제 말이 그 말이에요.

타이론: 닥터 하디 말로는 쟤가 열대지방에 있을 때 걸린 말라리아 열병이 약간 남아 있는 거라고 해. 만약 그렇다면 키니네로 금방 치료할 수 있지.

메리 (경멸적인 적대감의 표정이 얼굴에 스쳐간다): 닥터 하디라고요! 나는 그 사람이 성경을 쌓아놓고 맹세한다 해도 그 사람 말 못 믿어요! 나는 의사들이 어떤 사람들인지 잘 알아요. 모두 똑같아. 그 사람들이 원하는 거라고는 계속 병원에 오게 만드는 것뿐이에요. (두 사람의 눈이 자신에게 고정된 것을 감지하고 갑작스러운 심한 자의식에 사로잡혀 말을 멈춘다. 손이 초조하게 머리로 간다. 억지로 미소를 짓는다.) 왜 그래요? 뭘 보는 거예요? 내 머리가…… ?

타이론 (팔을 그녀에게 두르고 마음이 찔려서 장난스럽게 안아준다): 머리는 아무 문제가 없어요. 건강을 회복하고 살이 오르면서 멋을 더 부리는군. 곧 거울 앞에서 멋 부리느라 한나절을 보내겠어.

메리 (약간 안심이 되어서): 정말 안경을 새로 맞춰야겠어요. 시력이 너무 나빠졌어요.

타이론 (아일랜드식으로 듣기 좋은 소리를 하면서): 당신 눈은 아름다워. 당신도 알잖아.

(그녀에게 키스한다. 그녀의 얼굴이 매력적이고 수줍은 쑥스러움으로 밝아진다. 갑작스럽고 놀랍게도 그녀의 얼굴에서 죽은 자의 환영이 아니라 여전히 내면에서 살아 있는 옛날 소녀 시절의 모습이 보인다.)

메리: 바보 같은 소리 하지 말아요, 제임스. 제이미 앞에서!

타이론: 오, 얘도 당신 속을 들여다보고 있다니까. 눈이며 머리가 어떻다고 법석을 떠는 건 칭찬을 해달란 소리인 줄 얘도 알아. 안 그러냐, 제이미?

제이미 (그의 얼굴도 환해지며 어머니를 향해 사랑스러운 미소를 지을 때 옛날 소년 시절의 매력이 드러난다): 맞아요. 엄마는 우리를 못 속여요.

메리 (웃으면서 아일랜드식 홍이 목소리에 배어난다): 다들 그만둬요!
    (그리고 소녀다운 진지함으로 말한다) 하지만 전에는 내 머리카락
    이 정말 아름다웠죠, 제임스?

타이론: 세상에서 제일 아름다웠지!

메리: 붉은 갈색을 띤 보기 드문 색이었고 너무 길어서 무릎 밑까
    지 내려왔어. 제이미, 너도 기억할 거야, 에드먼드가 태어나기
    전까지는 흰 머리가 하나도 없었다는 거. 그 후로 백발이 되기
    시작했지. (소녀다움이 얼굴에서 사라진다)

타이론 (재빨리): 그리고 전보다 훨씬 아름다워졌지.

메리 (또다시 창피해하면서 좋아한다): 제이미, 네 아빠 이야기하는
    것 좀 들어봐라. 결혼한 지 35년이 되었는데! 괜히 명배우가 된
    거 아니지? 여보, 오늘 도대체 뭐가 씌웠어요? 내가 코골이 좀
    놀렸기로서니 저를 이렇게 부끄럽게 만들어요? 그렇다면 모두
    취소할게요. 제가 들은 건 무적뿐이었나 봐요. (그녀가 웃고 다
    른 사람들도 같이 웃는다. 그런 다음 그녀가 갑자기 사무적인 태도로
    돌변한다.) 하지만 아무리 칭찬하셔도 저는 더 이상 여기 있을
    수 없어요. 요리사와 저녁 식사와 장 보는 것을 의논해야 해요.
    (일어나더니 우스꽝스럽게 과장하면서 한숨을 쉰다) 브리짓은 너무
    게을러요. 그리고 엉큼해요. 혼 좀 내주려고 하면 자기 친척 이
    야기를 하느라 제가 끼어들 수가 없어요. 그걸 내가 이겨내야
    하는데. (뒷응접실로 가다가 돌아서더니 수심에 가득한 얼굴로) 여

보, 에드먼드에게 정원 일 시키지 마세요. 꼭 기억해요. (그리고 이상하게도 고집스러운 표정으로) 걔가 약하다는 건 아니지만 땀을 흘리면 감기가 더 심해질까 봐 그래요.

(그녀는 뒷응접실을 통해 사라진다. 타이론이 나무라듯이 제이미를 쏘아본다.)

타이론: 이 바보 같으니라고! 정말 생각이 없는 거냐? 정말 피해야 할 화제는 에드먼드 때문에 엄마가 걱정하는 말이라고.

제이미 (어깨를 으쓱하며): 좋아요. 아빠 마음대로 하세요. 엄마가 계속 자신을 속이게 만드는 건 안 좋은 생각 같아요. 진실을 직면해야 할 때가 오면 충격이 더 클 거예요. 여름 감기 운운하면서 일부러 자신을 속이는 거 아버지도 보셨잖아요. 엄마도 다 안다고요.

타이론: 안다고? 아직은 아무도 몰라.

제이미: 저는 알아요. 월요일에 에드먼드가 닥터 하디에게 갈 때 같이 갔어요. 말라리아라느니 하는 허튼소리를 또 하더라고요. 시간을 질질 끌고 있어요. 그 사람도 그게 아니라는 걸 이제 알아요. 그건 아버지도 아시잖아요. 어제 시내 갔을 때 그분과 이야기했죠?

타이론: 아직 확실한 건 말할 수 없대. 오늘 에드먼드가 가기 전에

나한테 전화한다고 했어.

제이미 (천천히): 그 의사는 폐결핵이라고 생각하는 거죠, 아빠?

타이론 (마지못해): 그럴 수도 있다고 했지.

제이미 (동생에 대한 사랑이 우러나오니 감정이 복받쳐서): 불쌍한 놈! 빌어먹을! (아버지를 나무라듯이 대한다) 처음에 병에 걸렸을 때 제대로 된 의사한테 보냈으면 이런 일이 없었잖아요.

타이론: 하디가 어때서? 이 동네에서는 항상 우리의 주치의였다.

제이미: 모든 게 그 사람 때문이에요! 이 시골 동네에서조차 3류로 꼽힌다고요! 싸구려 돌팔이라고요!

타이론: 잘한다! 그 사람을 헐뜯어라! 모든 사람을 헐뜯어! 너한테 는 모든 사람이 가짜지!

제이미 (경멸조로): 하디는 1달러만 받잖아요. 그래서 아빠는 그 사 람이 훌륭한 의사라고 생각하는 거잖아요.

타이론 (찔려서): 그만해! 너는 지금 술 취한 것도 아니잖아! 술 핑 계를 대고…… (자신을 통제하면서 약간 방어조로) 부유한 여름 휴양객들을 뜯어먹는 상류층 의사를 내가 고용할 여유가 없어 서 그런 말을 하는 거라면……

제이미: 여유가 없다고요? 아빠는 주변에서 가장 큰 땅 부자잖아 요.

타이론: 그렇다고 내가 부자인 건 아냐. 다 융자를 받아서……

제이미: 그건 융자를 갚기보다는 항상 땅을 더 사서 그런 거죠. 만

약 에드먼드가 아빠가 원하는 잘난 땅덩어리였다면 돈 아까운 줄 모르셨겠죠.

타이론: 그건 거짓말이야! 그리고 닥터 하디에 대한 네 비난도 모두 사실이 아니야! 그 사람은 가식을 떨지도 않고, 인기 있는 위치에 병원도 없고, 비싼 자동차를 타고 쏘다니지도 않아. 혀 한번 보는 데 5달러를 받는 의사놈들의 기술이 좋아서 우리가 그 돈을 내는 줄 알아? 그놈들이 허세를 떠는 값을 우리가 내는 거야.

제이미 (어깨를 경멸조로 한번 으쓱한 다음): 아, 알았어요. 아빠랑 싸우다니 내가 바보지. 아버지의 타고난 본성을 어떻게 고치겠어.

타이론 (분노가 솟구쳐서): 아무렴, 당연하지. 네가 그 원리를 나한테 너무나 잘 가르쳐주었지. 나는 네가 변할 거라는 희망을 애당초 접었다. 네가 감히 내 형편을 말해? 너는 한 푼의 가치를 안 적도 없고 앞으로도 영원히 모를 거야! 평생 한 푼도 모아본 적이 없으니까! 공연 시즌이 끝날 때마다 너는 빈털터리야! 매주 주급을 창녀들과 위스키에 날려버렸지!

제이미: 내 주급이라고요! 빌어먹을!

타이론: 너한테 과분한 주급이야. 나 아니면 그것도 못 받았어. 네가 내 아들이 아니었으면 너한테 배역을 줄 극단 매니저는 한 명도 없어, 네 소문이 하도 나쁘게 나서 말이야. 그러다 보니

나는 자존심 다 버리고 네가 이제 새사람이 되었다면서 너를
위해 빌어야 했어. 거짓말인 줄 다 알면서!

제이미: 저는 한 번도 배우가 되고 싶었던 적이 없었어요. 아빠가
강제로 무대에 세웠죠.

타이론: 그건 거짓말이야! 너는 다른 걸 찾으려고 노력도 하지 않
았어. 나보고 일자리를 찾아달라고 했는데 나로서야 극장 말
고는 연줄이 없었어. 강제로 세웠다고! 너는 술집에서 빈둥대
는 거 말고는 하고 싶은 게 하나도 없었지! 게으른 놈팡이처럼
놀면서 남은 삶 동안 나를 빨아먹고 사는 데 만족할 거야! 너의
교육을 위해 그렇게 많은 돈을 썼는데 가는 대학마다 불명예
퇴학당하고 말았잖아!

제이미: 제발 옛날이야기 좀 끄집어내지 말아요!

타이론: 네가 여름마다 나한테 빌붙어 살려고 집에 오는 건 지난 이
야기가 아니야.

제이미: 정원에서 일하면서 밥벌이는 하고 있잖아요. 일꾼 품삯이
절약되니까요.

타이론: 하! 그마저도 억지로 강요해야 하는 주제에! (분노가 사그라
들어 풀죽은 푸념이 된다.) 네가 조금이라도 고맙다는 표시라도
하면 나는 바랄 게 없어. 나를 구두쇠라고 놀리고, 내 직업을
놀리고, 너 말고 세상에 있는 모든 것을 놀리는 게 네가 하는
유일한 감사 표시지.

제이미 (비꼬듯이): 그건 사실이 아니에요, 아빠. 제가 저 자신한테 하는 말을 못 들으셔서 그렇게 말씀하시는 거예요.

타이론 (멍하게 그를 노려보다가 기계적으로 대사를 인용한다): "배은망덕이여, 너는 가장 악독한 잡초!"

제이미: 그 대사가 나올 줄 알았어! 수천 번은 들었…… (싸우는 게 지긋지긋해서 말을 멈추고 어깨를 으쓱한다.) 좋아요, 아빠. 저는 건달이에요. 마음대로 생각하시고 싸움을 끝내요.

타이론 (이제는 화가 나서 하소연하며): 네 머릿속에 어리석음이 아니라 야망이라도 있다면! 너는 아직 젊어. 지금이라도 뭔가 할 수 있어. 훌륭한 배우가 될 재능이 있잖아! 아직 안 늦었어. 너는 내 아들이니까……!

제이미 (지겹다는 듯이): 제 문제는 잊어버리세요. 저는 관심 없으니까. 아빠도 마찬가지잖아요.

(타이론이 일어선다. 제이미는 아무렇지도 않게 계속 말한다.)

우리가 왜 이런 이야기를 하게 되었죠? 아, 닥터 하디. 에드먼드 일로 언제 전화한대요?

타이론: 점심때쯤. (잠시 쉬었다가 변명하듯이) 에드먼드를 더 훌륭한 의사에게 보낼 수 없었다. 하디는 에드먼드가 아주 어릴 때부터 이곳에서 그를 치료해왔어. 다른 의사들과는 달리 그의 체

질을 잘 알고 있지. 네가 생각하듯이 내가 구두쇠라서 그런 게 아니다. (분하다는 듯이) 그놈이 대학에서 쫓겨난 후 미치광이처럼 살면서 건강을 일부러 해쳤는데 미국에서 최고의 의사가 온들 뭘 할 수 있겠어? 그전에도 예비학교에 다닐 때 너를 흉내 내느라 방탕한 생활을 하고 브로드웨이 놀음을 하기 시작했지. 그걸 견딜 만한 체질이 아닌데도. 너는 나처럼 몸집도 크고 건강하지만—적어도 그 나이에는 그랬어—걔는 제 엄마를 닮아서 항상 섬세한 신경 뭉치였지. 몸이 견디지 못할 거라고 내가 수년간 경고했건만 말을 듣지 않더니 이젠 너무 늦어버렸어.

제이미 (날카롭게): 너무 늦었다니, 무슨 뜻이에요? 말씀하시는 것이 마치……

타이론 (죄책감에 화를 폭발하며): 바보 같은 소리 하지 마! 누구나 분명히 알 수 있는 걸 말하는 거야! 건강이 무너져서 오랫동안 환자로 살 수도 있다는 뜻이야.

제이미 (그의 설명을 무시하며 아버지를 노려본다): 폐병 걸리면 죽는다는 건 아일랜드의 농부들이나 가지는 생각이에요. 헛간이나 늪지대에서 살면 그럴 수도 있겠죠. 하지만 현대식 치료가 가능한 이곳에서는……

타이론: 내가 그걸 모르냐! 도대체 무슨 헛소리를 지껄이는 거야? 더러운 혀로 농부와 헛간과 늪지대를 경멸하면서 아일랜드를

욕하는 소리는 그만둬! (비난하면서) 네가 에드먼드의 병에 대해 말하지 않는 게 네 양심에도 가책이 덜할 거다! 누구보다도 너한테 책임이 있으니까!

제이미 (찔려서): 말도 안 돼요! 이건 못 참아요, 아빠!

타이론: 그건 사실이야! 네가 동생한테 가장 나쁜 영향을 줬어. 걔는 너를 영웅처럼 존경하며 자랐어. 참 좋은 모범을 보여줬구나! 타락으로 가는 길을 가르쳐주는 것 말고는 다른 충고를 들어본 적이 없으니! 너는 네가 생각하는 세상의 지혜를 그에게 불어넣어 나이보다 더 늙어 보이게 만들었어. 너무 어려서, 인생에서 실패한 자기 형이 마음에 병이 들어서 모든 남자는 영혼을 팔려고 내놓은 악당이고, 모든 여자는 창녀가 아니면 바보라고 믿고 싶어 한다는 것을 모르는 애한테 말이다.

제이미 (지쳐서 무관심한 듯 방어적 태도를 다시 취하며): 좋아요. 제가 세상 이치를 알려준 거 맞아요. 하지만 그건 걔가 난동을 피우기 시작하는 걸 본 뒤로, 내가 형이랍시고 좋은 충고를 했다가는 나를 비웃을 것을 알았기 때문에 했던 거예요. 제가 한 일이라곤 그에게 친구가 되어주고 내 실수로부터 교훈을 배울 수 있도록 솔직하게 대한 것뿐…… (어깨를 으쓱하며 냉소적으로) 그러니까, 착하게 살 수 없으면 적어도 조심은 하라는 거죠.

(타이론은 경멸조로 콧방귀를 낀다. 제이미가 갑자기 마음이 동요되어)

그건 정말 말도 안 되는 비난이에요, 아빠. 에드먼드가 저에게 어떤 존재인지, 우리가 그냥 보통 형제가 아니라 얼마나 가까운 사이였는지 아버지도 아시잖아요. 저는 그를 위해서라면 무엇이든지 할 사람이에요.

타이론 (감동받아서, 달래듯이): 네가 모두 좋은 의도로 그랬다는 거 안다, 제이미. 일부러 그를 망치려 했다는 말은 아니야.

제이미: 게다가 이건 말도 안 되는 소리예요! 정말 누군가가 에드먼드가 원하는 것 이상으로 영향을 끼치는 걸 보고 싶네요. 걔가 말이 없고 조용하니까 사람들은 자기들 마음대로 요리할 수 있다고 생각해요. 하지만 걔는 속으로 고집이 엄청나게 세고, 뭘 하게 되면 다른 사람은 개의치 않고 자기가 원해서 해요! 걔가 지난 몇 년 동안 선원으로 전 세계를 이리저리 돌아다녔던 것과 같은 미친 짓거리를 했던 것이 저하고 무슨 상관이 있어요. 저는 그게 바보 같은 짓이라고 생각했고, 그래서 그에게 그렇게 말해줬어요. 아빠는 제가 남미의 해변에서 즐기거나, 더러운 지하 골방에서 살거나, 싸구려 술을 마시는 걸 상상이나 하시겠어요? 저는 사양하겠습니다! 저라면 브로드웨이를 떠나지 않고, 욕조 딸린 방에 살면서, 제대로 된 버번을 파는 술집에나 가겠어요.

타이론: 너와 브로드웨이! 오늘날의 너를 만든 건 바로 그거야! (자부심을 느끼며) 에드먼드가 무슨 짓을 했든 그건 배짱이 있어서

야. 돈 떨어지자마자 아버지한테 쪼르르 달려와서 징징댈 수
없는 먼 곳으로 떠난 거지.

제이미 (질투심이 동해서 빈정대는 투로): 하지만 돈이 떨어지면 언젠
가는 집으로 오잖아요? 그리고 돌아다녀서 얻은 게 뭐예요? 지
금 그놈 꼴을 보세요! (갑자기 부끄러워져서) 빌어먹을! 내가 무
슨 말을 한 거야. 진심이 아니에요.

타이론 (이 말을 무시할 생각을 하고): 신문사에서는 일을 잘해 왔잖
아. 마침내 자기가 원하는 일을 찾았기를 나는 바랐어.

제이미 (다시 질투심에 빈정대며): 시골 신문기자라니! 사람들이 아
빠한테 무슨 헛소리를 했는지는 몰라도 저한테는 별 볼 일 없
는 기자라더군요. 아빠 아들만 아니었으면…… (다시 부끄러워
져서) 아니에요. 사실이 아니에요. 걔가 와서 좋대요. 하지만 걔
가 인정받는 것은 특별한 글 때문이에요. 몇몇 시나 패러디는
정말 좋아요. (다시 샘이 나서) 그렇다고 크게 성공할 정도는 아
니지만. (서둘러) 하지만 정말 출발을 잘한 것 같아요.

타이론: 그래. 에드먼드는 일을 시작했지. 너도 전에 기자가 되고
싶다고 이야기했지만, 밑바닥에서 시작하고 싶어 하지는 않았
지. 너의 기대는……

제이미: 아, 제발, 아빠! 제 얘기는 좀 빼면 안 돼요!

타이론 (그를 빤히 쳐다보다가 눈을 돌린다. 잠시 후): 그런데 이 시점에
서 에드먼드가 아프다니 운도 나쁘지. 시기가 이보다 나쁠 수

는 없어. (은밀한 불안감을 숨길 수 없어서 덧붙인다.) 네 어머니에게도 말이다. 걱정을 내려놓고 평안을 누려야 하는 바로 이때 이런 일이 생겨서 걱정하게 만들다니. 엄마가 집으로 온 후로 두 달 동안 너무나 잘 지냈잖아. (목소리가 거칠어지면서 약간 떨린다.) 그건 내게 하늘과 같은 기쁨이었지. 이 집이 다시 집다워졌어. 하지만 제이미, 이건 너한테 할 이야기가 아니구나.

(아들이 처음으로 암묵의 이해심을 가지고 그를 쳐다본다. 갑자기 그들이 적대감을 내려놓고 두 사람 사이에 깊은 공감의 유대가 생긴 것처럼 보인다.)

제이미 (거의 부드럽게): 저도 그렇게 생각했어요, 아빠.

타이론: 맞아, 이번에는 엄마가 얼마나 강해졌고 자신감이 생겼는지 너도 알겠지. 전과는 완전히 다른 사람이 되었어. 신경쇠약도 잘 조절하고 있어. 에드먼드가 아플 때까지는 그랬지. 그런데 지금 다시 내면에 긴장하면서 두려움에 사로잡힌 걸 느낄수 있어. 진실을 그녀에게서 숨길 수 있으면 좋으련만 에드먼드를 요양원으로 보낸다면 그럴 수가 없어. 더 큰 문제는 장인도 폐결핵으로 돌아가셨다는 거야. 엄마는 할아버지를 너무 존경했고 잊은 적이 없지. 그래, 엄마한테는 너무 힘들 거야. 하지만 할 수 있어! 지금은 의지력도 가지고 있어! 제이미, 우리는

무슨 수를 써서라도 엄마를 도와야 해.

제이미 (감동받아서): 물론이죠, 아빠. (망설이듯이) 신경 쓰는 걸 빼면 오늘 아침 완벽히 괜찮아 보였어요.

타이론 (이제 완전한 자신감을 가지고): 이보다 더 좋을 수 없지. 즐거워하면서 장난도 쳤지. (갑자기 의심에 가득 차서 제이미에게 눈살을 찌푸린다.) '보였다'니 무슨 뜻이냐? 괜찮으면 안 돼? 도대체 무슨 뜻이야?

제이미: 또 저한테 화부터 내지 마세요! 아빠, 이건 우리가 싸우지 말고 냉정하게 의논해야 할 문제예요.

타이론: 미안하구나, 제이미. (긴장해서) 그래, 어서 말해 봐라.

제이미: 이야기할 것도 없어요. 제가 잘못 생각했어요. 바로 어젯밤에…… 아빠도 잘 아시잖아요. 저는 과거에 일어났던 일을 잊을 수가 없어요. 의심하지 않을 수가 없다고요. 아빠도 마찬가지겠지만. (비통하게) 그 점이 힘들어요. 그리고 엄마도 힘들게 하고요! 엄마는 우리가 감시하듯이 보고 있다는 걸 알고 있어요.

타이론 (슬픈 마음으로): 알아. (긴장해서) 그래서, 무슨 일이 있었어? 자세히 좀 말해봐라.

제이미: 아무것도 아니에요. 그냥 제가 바보 같은 짓을 했죠. 오늘 새벽 세 시쯤에 잠이 깨서 엄마가 빈방에서 돌아다니는 소리를 들었어요. 그러다가 욕실로 가셨어요. 저는 자는 척했죠. 제

가 잠든 걸 확인하는 것처럼 복도에서 잠시 서서 귀를 기울이
셨어요.

타이론 (억지로 경멸스러운 어조로): 이런, 그게 다야? 무적 때문에 밤
새 잠을 못 잤다고 본인이 나한테 말했어. 그리고 에드먼드가
아프고 나서는 매일 밤 걔가 어떤가 살펴보려고 일어나서 그
방에 갔었어.

제이미 (열심히): 맞아요. 에드먼드 방 바깥에 멈춰서 귀를 기울였
어요. (다시 망설이며) 제가 겁이 났던 건 엄마가 빈방에 있는 거
예요. 기억하지 않을 수 없는 게, 그 방에서 혼자 주무시기 시
작하기만 하면 그건 하나의 징조……

타이론: 이번에는 아냐! 그건 쉽게 설명할 수 있어. 어젯밤에 엄마
가 내 코골이를 피해 도대체 어디 갈 데가 있니? (갑자기 분노가
폭발한다.) 맙소사, 너는 어떻게 매사를 나쁜 쪽으로만 보니!

제이미 (상처 받아서): 또 그러지 마세요! 제가 잘못 생각했다고 방
금 말했잖아요! 저도 아빠만큼 기뻐하고 있다는 거 아시잖아
요!

타이론 (달래면서): 물론 그렇겠지, 제이미. (휴지. 표정이 어두워진다.
미신적인 공포를 느끼며 천천히 말한다.) 그건 네 엄마가 피할 수
없는 저주 같은 것이 될 거야. 만약 에드먼드에 대한 걱정 때
문에…… 에드먼드를 낳고 오랜 병을 앓으면서 네 엄마가 처
음……

제이미: 그건 엄마 잘못이 아니에요!

타이론: 내가 네 엄마 탓을 하는 건 아니다.

제이미 (신랄하게): 그럼 누구를 탓하는 거예요? 에드먼드? 태어났
다고 해서?

타이론: 이 바보 같은 놈! 누구의 잘못도 아니야.

제이미: 그 돌팔이 의사 잘못이죠! 엄마 말을 들어보면 그놈도 하
디처럼 싸구려 돌팔이였대요! 아빠가 일류 의사 비용을 안 대
려고……

타이론: 그건 거짓말이야! (화가 나서) 그래 내 잘못이다! 그게 너의
결론이지? 사악한 놈팡이 같은 놈!

제이미 (식당에서 엄마 소리가 들리자 경고하듯이): 쉬!

(타이론이 벌떡 일어나서 오른쪽 창밖을 내다본다. 제이미는 완전히
바뀐 어조로 말한다.)

그러니까 오늘 앞 울타리 손질을 하려면 지금 일하러 나가야
겠네요.

(메리가 뒷응접실에서 들어온다. 두 사람을 번갈아 미심쩍게 힐끗 본
다. 초조하면서 불안한 태도이다.)

타이론 (창문에서 몸을 돌려 배우처럼 호탕하게): 그래, 논쟁하며 실내에서 낭비하기에는 너무 멋진 아침이지. 창밖을 한번 봐요, 메리. 항구에 안개가 하나도 없어. 이제 안개가 끼는 기간이 끝났나 봐.

메리 (그에게 가며): 그러면 좋겠어요, 여보. (제이미에게 억지로 미소를 띠며) 앞 울타리 손질하자고 네가 제안한 거 맞니, 제이미? 해가 서쪽에서 뜨겠다! 아마 용돈이 몹시 필요한가 봐.

제이미 (농담조로): 제가 안 그런 적이 있나요? (아버지에게 경멸적인 눈길을 보내며 엄마에게 윙크한다.) 주급으로 적어도 1달러는 받아야죠. 그래야 좀 흥청거리고 놀죠!

메리 (그의 농담에 반응하지 않는다. 그녀의 손은 드레스 앞섶에서 더듬거린다.): 아빠랑 무슨 일로 싸웠어?

제이미 (어깨를 으쓱하며): 늘 똑같은 이야기죠.

메리: 네가 의사 이야기를 하고 네 아빠는 네 마음이 사악하다고 한 것 같은데.

제이미 (재빨리): 아, 그거요. 닥터 하디가 제가 생각하는 세상에서 제일가는 의사는 아니라고 또다시 말씀드리고 있었어요.

메리 (거짓말하고 있다는 걸 알면서 막연하게): 맞아, 나도 아니라고 생각해. (주제를 바꾸어 억지로 미소를 지으며) 저 브리짓이라는 애! 정말 못 말리겠어. 세인트루이스 경찰서에서 근무하는 6촌 이야기를 또 늘어놓잖아. (그러다가 초조해서 짜증을 내며) 울타리 손질한다면서 왜 안 가는 거니? (재빨리) 내 말은 안개가 또 밀려들기 전에 해가 비칠 때 일하라는 말이야. (혼잣말을 크게 하는 것처럼 이상하게) 안개가 몰려올 거라는 걸 내가 알 거든. (갑자기 두 사람의 눈길이 자신에게 고정된 것을 자의식적으로 자각하며 허둥지둥 손을 올린다.) 아니, 손에 류마티즘이 있어서 알려준다는 말이야. 이 손이 당신보다는 훨씬 훌륭한 일기 예보관이에요. (싫은 표정을 가지고 손을 바라본다.) 이런! 손이 왜 이렇게 못생겼지! 전에는 예쁜 손이었다는 걸 누가 믿겠어?

(두 사람은 점점 더 두려움에 싸여 그녀를 바라본다.)

타이론 (그녀의 손을 잡아 부드럽게 내려놓는다): 자, 자, 메리. 그런 바보 같은 소리는 그만하고. 이 세상에서 가장 예쁜 손이야.

(그녀의 얼굴이 환해지며 미소를 짓고 그에게 우아하게 키스를 한다. 그는 아들을 향해 돌아선다.)

자, 제이미. 엄마 말이 맞아. 일을 시작하는 비결은 그냥 일을 시작하는 거야. 뜨거운 태양 아래서 땀을 흘리면 네 배에서 술살이 좀 빠지겠다.

(그는 방충망 문을 열고 현관으로 나가 마당으로 가는 계단을 따라 사라진다. 제이미는 의자에서 일어나 윗도리를 벗고 문으로 간다. 문에서 몸을 돌리지만, 엄마를 보는 것을 애써 피하고 엄마도 그를 보지 않는다.)

제이미 (다정한데 어색하고 불안하다): 엄마, 우리는 엄마가 너무 자랑스럽고 행복해요.

(그녀는 몸이 굳어지고 겁에 질려 도전적인 눈길로 그를 노려본다. 그는 계속 더듬거리며 말한다.)

그래도 아직은 조심하셔야 해요. 에드먼드 걱정은 너무 많이 하지 말고요. 개는 괜찮을 거예요.

메리 (고집스럽고 앙심에 찬 표정으로): 물론이지, 괜찮을 거야. 그런데 나보고 조심하라고 경고하다니 무슨 뜻인지 모르겠구나.

제이미 (편잔을 받아 마음이 상해 어깨를 으쓱한다): 알았어요, 엄마. 괜히 말씀드렸네요.

(현관으로 나간다. 메리는 제이미가 계단을 내려가 사라질 때까지 꼼짝하지 않고 기다린다. 그러고 나서 그녀는 그가 앉았던 의자에 털썩 주저앉는다. 얼굴에는 겁에 질린 낭모를 절망이 드러나고, 손은 테이

불 위를 헤매고 다니면서 괜히 물건들을 이리저리 옮긴다. 에드먼드
가 앞쪽 현관에 있는 계단을 내려오는 소리를 듣는다. 계단을 다 내려
왔을 때 에드먼드는 발작적으로 기침을 한다. 그 소리로부터 도망치고
싶은 것처럼 그녀는 벌떡 일어서서 오른쪽 창문으로 재빨리 간다. 그
가 한 손에 책을 들고 앞 응접실에서 들어올 때 그녀는 겉보기에는 차
분한 모습으로 밖을 내다본다. 어머니가 그를 향하고, 입술은 어머니
다운 미소로 환영한다.)

메리: 왔구나. 너를 찾으러 이 층에 막 올라가려고 했는데.

에드먼드: 아빠와 형이 나갈 때까지 기다렸어요. 어떤 싸움에라도
    휘말리고 싶지 않아요. 기분이 너무 더러워요.

메리 (거의 화를 내면서): 오, 너는 실제로 아픈 것보다 훨씬 더 엄살
    을 떨고 있는 거지. 아직 어리구나. 우리 모두 너를 걱정해서
    난리를 피우게 하고 싶어? (서둘러) 그냥 놀리려고 한 말이야,
    아들. 네가 얼마나 불편한지 알고 있어. 하지만 오늘은 기분이
    좋지? (걱정되어서 그의 팔을 잡으며) 그래도 너는 너무 말랐어.
    실컷 휴식을 취해야 해. 앉아봐. 내가 편안하게 해줄게.

(그가 흔들의자에 앉자 엄마는 등에다 쿠션을 대준다.)
    자. 어때?

에드먼드: 아주 좋아요. 고마워요, 엄마.

메리 (키스하며, 다정하게): 너는 간호해 줄 엄마만 있으면 돼. 네가 다 자랐다고 해도 나한테는 여전히 아기야.

에드먼드 (그녀의 손을 잡으며 아주 심각하게): 저는 신경 쓰지 마세요. 엄마 몸이나 잘 돌보세요. 그게 가장 중요해요.

메리 (그의 눈을 피하며): 잘하고 있단다, 애야. (억지로 웃으며) 이런, 내가 얼마나 뚱뚱해졌는지 안 보이니! 옷의 품을 더 키워야겠다. (돌아서서 오른쪽 창문으로 간다. 가볍고 즐거운 어조로 말하려고 한다.) 울타리 손질을 시작했구나. 불쌍한 제이미! 지나가는 사람들이 쳐다보는 집 앞에서 일하는 거 무척 싫어하는데. 채트필드네 사람들이 새로 뽑은 메르세데스 차를 타고 지나가는구나. 자동차 참 아름답지? 우리의 중고 패카드와는 비교도 안 돼. 불쌍한 제이미! 저 사람들 눈에 안 뜨이려고 울타리 밑에 숨었구나. 저 사람들이 인사를 하니까 아빠는 마치 커튼콜을 하는 것처럼 인사하네. 내가 버리라고 한 저 더러운 옷을 입고 말이다. (목소리가 점점 신랄해져 간다.) 자존심이 있다면 저런 허세는 부리지 말아야지.

에드먼드: 남들이 뭐라고 생각하든 상관하지 않는 아빠가 옳은 거예요. 채트필드네 사람들을 신경 쓰는 형이 바보고요. 제기랄, 저 사람들이 이런 촌구석 밖으로 나가면 누가 알아주기나 한대요?

메리 (만족하며): 아무도 없지. 에드먼드, 네 말이 맞아. 우물 안 개

구리지. 제이미가 멍청한 거다. (창밖을 보며 잠시 쉬었다가 외로운 갈망이 깃든 어조로.) 그래도 채트필드가(家) 사람들이나 다른 사람들은 내세울 거라도 있지. 내 말은 부끄러워할 필요가 없는 괜찮고 멋진 집이 있다는 거야. 서로 초대하고 초대받을 수 있는 친구들이 있지. 누구와도 단절되어 있지 않아. (창문에서 돌아선다.) 그렇다고 내가 그 사람들하고 어울리겠다는 건 아냐. 나는 원래 이 마을과 이곳 사람들을 싫어했어, 그건 너도 잘 알지. 처음부터 나는 여기 살기 싫었는데 아빠가 좋아했고, 고집해서 이 집을 지었고, 나는 여름마다 여기 와야 하는 신세가 되었지.

에드먼드: 그래도 뉴욕 호텔에서 여름을 보내는 것보다는 낫지 않아요? 그리고 이 마을이 그렇게 나쁜 건 아니에요. 저는 꽤 좋아요. 아마 이곳이 우리가 가져본 유일한 집이어서 그럴 거예요.

메리: 나는 이곳이 우리 집이라는 생각은 전혀 안 해 봤다. 처음부터 잘못되었어. 모든 게 싸구려로 지어졌어. 네 아빠는 그걸 바로 잡기 위해 돈을 쓸 사람이 절대로 아니지. 친구가 없는 건 좋아. 나는 그 사람들이 발 들여놓는 것도 창피한 사람이니까. 하지만 네 아빠는 다른 가족과 친구가 되는 걸 원하지 않아. 사람들을 방문하는 것도, 방문 받는 것도 싫어해. 그가 좋아하는 거라곤 클럽이나 바에서 만난 남자들하고 술 마시며 노는 것뿐이지. 제이미와 너도 마찬가지야, 하지만 너희는 잘못이 없

어. 여기서 괜찮은 사람을 만날 기회가 없었으니까. 너희 둘도 참한 아가씨들과 교제할 수 있었더라면 상당히 다른 사람이 되었을 거다. 이상한 여자들과 어울리느라 수치를 당하지도 않 았을 테고. 지금은 점잖은 집안 부모들이라면 자기 딸들이 너 희들과 어울리는 걸 싫어해.

에드먼드 (짜증이 나서): 아, 엄마, 제발 잊어버려요! 누가 상관이나 한대요? 형이나 나나 그런 여자들은 지겨워요. 그리고 노인네 말인데, 이야기해 봐야 무슨 소용이 있어요? 바꿀 수가 없는데.

메리 (기계적으로 반박하며): 아빠를 노인네라고 하지 마라. 존경심 을 보여야지. (그러다가 덤덤하게) 이야기해봐야 소용없다는 거 나도 안다. 하지만 가끔은 내가 너무 외로워. (입술을 떨면서 고 개를 돌린다.)

에드먼드: 엄마, 공정하게 생각해보자고요. 처음에는 아빠 잘못이 었는지 모르죠. 하지만 나중에는 아빠가 그러고 싶어도 우리가 사람들을 초대할 수가 없었잖아요…… (죄책감에 말을 더듬는 다.) 제 말은 엄마가 그들을 원하지 않았을 거란 말이에요.

메리 (찔끔하면서, 입술이 불쌍하게 떨린다): 하지 마라. 다시 생각나게 하는 걸 견딜 수 없구나.

에드먼드: 그런 식으로 받아들이지 마세요! 제발, 엄마! 지금 도와 드리려는 거잖아요. 그걸 잊어버리는 게 엄마한테 나쁘니까. 기억하는 것은 잘하는 일이에요. 그래야 엄마가 항상 조심할

수 있죠. 전에 무슨 일이 일어났는지 아시잖아요. (슬프게) 엄마, 나도 엄마한테 상기시키는 게 힘들어요. 그런데 이렇게 하는 이유는 엄마가 옛날처럼 집에 있는 게 너무나 좋았고, 끔찍한 일이……

메리 (충격받아서): 얘야, 제발. 좋은 뜻을 말하는 줄은 알지만…… (방어적인 불안감이 목소리에 다시 스며든다) 네가 왜 갑자기 그런 말을 하는지 모르겠구나. 오늘 아침에 어쩌다가 그런 생각이 들었니?

에드먼드 (피하며): 아무것도 아니에요. 그냥 기분이 더럽고 우울해서 그런가 보죠.

메리: 사실을 말해다오. 왜 갑자기 나를 의심하는 거지?

에드먼드: 아니에요!

메리: 오, 맞아. 느낌이 와. 네 아빠와 형도…… 특히 네 형.

에드먼드: 자, 이상한 상상 좀 하지 마세요, 엄마.

메리 (손을 퍼덕이며): 끊임없이 의심하는 분위기에서, 모든 사람이 감시하고 있다는 걸 알면서, 아무도 내 말을 믿거나 신뢰하지 않는다는 걸 알면서 사는 건 훨씬 힘들어.

에드먼드: 말도 안 돼요, 엄마. 우리는 엄마를 신뢰해요.

메리: 내가 하루, 아니 한나절 오후라도 갈 수 있는 장소가 있다면, 저 멍청한 캐슬린 같은 하녀 말고 마음대로 터놓고 이야기할 여자 친구가 있다면…… 심각한 게 아니라, 가볍게 웃고 농담

하고 잠시 잊어버릴 수 있다면!

에드먼드 (걱정스럽게 일어나서 엄마에게 팔을 두른다.): 그만해요, 엄마. 괜히 아무것도 아닌 걸 가지고 흥분하셨어요.

메리: 네 아빠는 외출하지. 술집이나 클럽에서 친구들을 만나지. 너와 형도 친구들이 있지. 외출하잖아. 하지만 나는 혼자야. 나는 항상 혼자였어.

에드먼드 (위로하듯이): 말도 안 돼요! 그건 억지예요. 누군가는 항상 남아서 엄마와 친구를 해드리고, 드라이브할 때는 자동차로 항상 모시잖아요.

메리 (씁쓸하게): 나를 혼자 두기에는 미덥지 못해 그런 거야! (그에게 몸을 돌려 날카롭게) 오늘 아침 왜 이상하게 행동하는지 당장 말해…… 왜 옛날 일을 상기시켜야 한다고 생각했는지……

에드먼드 (망설이다가 가책이 들어서 불쑥 말한다.): 말도 안 돼요. 그냥 엄마가 어젯밤에 제 방에 들어왔을 때 잠이 안 들었을 뿐이에요. 엄마는 아빠와 같이 쓰는 방으로 돌아가지 않았어요. 밤새도록 빈방에 계셨어요.

메리: 네 아빠의 코 고는 소리 때문에 미치겠어, 그래서 그랬어! 하나님 맙소사, 전에는 내가 그 방을 내 침실로 종종 사용하지 않았니? (사납게) 하지만 이제 네가 무슨 생각을 하는지 알겠다. 그때……

에드먼드 (엄청나게 격렬하게): 저는 아무 생각도 안 했어요!

메리: 그러니까 나를 감시하려고 자는 척했단 말이지!

에드먼드: 아니에요! 제가 열이 나서 잠을 못 자고 있으면 엄마가 걱정할까 봐 그랬던 거예요.

메리: 제이미도 자는 척했더구나, 그리고 틀림없이, 네 아빠도……

에드먼드: 그만해요, 엄마!

메리: 오, 도저히 견딜 수가 없다, 에드먼드, 너마저……?

(그녀의 손이 방향을 잃은 듯 정신없이 머리를 매만지려고 펄럭거리며 올라간다. 갑자기 앙심에 찬 이상한 어조가 그녀의 목소리 밑바닥에 깔린다.)

만약 그랬다면 너희 전부 벌 받아도 싸다!

에드먼드: 엄마! 그런 말 하지 마세요! 그 말투는 엄마가……

메리: 나를 의심하지 마라! 제발! 내 마음이 너무 아파! 나는 네 생각 때문에 잠을 못 잔 거야. 진짜 이유는 바로 그거야! 네가 다시 아프고 나서 걱정이 되어 죽겠어. (아들을 팔로 감싸 안고 두렵지만 보호하듯이 다정한 포옹을 해준다.)

에드먼드 (달래면서): 바보 같은 생각예요. 그냥 독감인 줄 아시면서.

메리: 물론이지, 알고말고!

에드먼드: 하지만 엄마 잘 들으세요. 하지만 이것 하나만 약속해주세요. 알고 보니 좀 더 심각한 병이 되었다 해도 어쨌든 곧 다시 나을 거니까 엄마는 걱정하지 말고 엄마 몸이나 잘 돌보겠다고……

메리: 그런 어리석은 소리를 하면 안 들어줄 거다. 뭔가 끔찍한 걸 기대하는 식으로 말할 이유가 없잖아! 물론, 내가 약속하지. 명예를 걸고 내가 신성한 약속을 하마! (그리고 슬픈 비통함으로) 하지만 내가 전에도 명예를 걸고 약속한 걸 기억하고 있겠지.

에드먼드: 아니에요!

메리 (비통함이 체념하는 무기력으로 변하면서): 너를 나무라는 게 아니란다, 아들아. 너도 어쩌겠어? 우리 중 누가 잊겠어? (이상한 목소리로) 그게 힘든 거야. 우리 모두에게. 잊을 수 없다는 거.

에드먼드 (엄마의 어깨를 잡으며): 엄마! 그만해요!

메리 (억지로 미소를 지으며): 알았어. 이렇게 우울해질 생각은 아니었는데. 나는 신경 쓰지 마라. 자. 이마 좀 짚어보자. 와, 열도 없고 좋은데. 확실히 지금은 열이 전혀 없어.

에드먼드: 잊어버려요! 엄마의 컨디션이……

메리: 하지만 나는 아주 괜찮단다, 아들아. (빠르고, 이상하고, 계산적이고 거의 은밀한 눈으로 그를 보며) 밤에 잠을 잘못 자서 당연히 오늘 아침에 피곤하고 신경이 곤두섰을 뿐이야. 이 층으로 올라가서 점심때까지 누워 눈 좀 붙여야겠다. (에드먼드는 본능적으로 엄마를 향해 의혹의 눈길을 보낸다. 그러다가 스스로 부끄러워져서 재빨리 눈을 돌린다. 그녀는 초조한 듯이 서두른다.) 너는 뭐할 거니? 여기서 책 읽을래? 바깥에 나가서 신선한 공기도 마시고 햇볕도 쏘이는 게 훨씬 좋을 텐데. 하지만 너무 많이 쏘이지는

마라. 모자는 꼭 쓰고. (말을 멈추고 이제는 그를 똑바로 바라본다. 그는 눈길을 피한다. 긴장된 휴지가 있다. 그리고 그녀가 놀리듯이 말한다.) 아니면 나를 혼자 두는 것이 안심이 안 돼?

에드먼드 (괴로운 듯이): 아니에요. 그런 식으로 말하지 마세요! 낮잠 좀 주무셔야겠어요. (그는 방충망 문 쪽으로 나간다. 억지로 농담조의 어투로) 가서 형이 잘 견디도록 도와줘야겠어요. 그늘에 앉아서 형이 일하는 걸 보는 게 좋아요.

(그가 억지로 웃자 그녀도 같이 웃는다. 그리고 현관으로 나가서 계단을 걸어 내려간다. 그녀가 처음 보이는 반응은 안도감이다. 긴장이 풀리는 것처럼 보인다. 테이블 뒤에 있는 안락의자에 앉아 머리를 뒤로 기대어 눈을 감는다. 하지만 갑자기 또다시 무척 긴장한다. 갑자기 초조한 공포에 사로잡혀 눈을 뜨고 앞으로 몸을 숙인다. 자신과의 결사적인 싸움을 시작한다. 류머티즘 때문에 뒤틀리고 마디가 진 긴 손가락이 그녀의 동의도 받지 않고 스스로의 끈질긴 생명력에 휘둘려 팔걸이를 두드린다.)

막

2막 1장

무대배경

1막과 동일. 12시 45분경. 이제 햇볕이 오른쪽 창문을 통해서 방으로 들어오지 않는다. 바깥 날씨는 여전히 맑지만, 점점 습해져서 공기의 희미한 습기가 강렬한 햇볕을 부드럽게 한다.

에드먼드는 테이블 왼쪽 안락의자에 앉아 책을 읽고 있다. 아니 책에 집중하려고 하는데 잘 안 된다. 이 층에서 무슨 소리가 나는지 듣고 있는 것 같다. 초조하게 신경 쓰는 것이 태도에서 보이고 1막보다 더 병색이 짙다. 하녀인 캐슬린이 뒷응접실에서 등장한다. 그녀는 버번 한 병, 위스키 잔 몇 개, 얼음물 한 주전자를 담은 쟁반을 들고 들어온다. 그녀는 검은 머리칼에 푸른 눈, 빨간 볼에 예쁜 얼굴을 한 20대 초반의 통통한 아일랜드계 시골 소녀이다. 애교가 있으나 배운 것이 없고, 굼뜨고 착하나 멍청하다. 쟁반을 테이블 위에 올려놓는다. 에드먼드는 책에 집중하는 척하면서 그녀가 온 것을 모른 체하지만, 그녀는 아랑곳하지 않는다.

캐슬린 (친한 척하며 수다를 떨며): 위스키 가져왔어요. 곧 점심시간이에요. 주인님과 제이미 도련님을 제가 부를까요, 아니면 직접 부르실래요?

에드먼드 (책에서 고개를 들지 않고): 네가 불러.

캐슬린: 주인님이 가끔씩 시계도 한번 안 보시다니 이상해요. 식사 시간에 늦는 데는 아주 도사라니까요. 그런데 브리짓은 그게 내 잘못인 듯 나를 혼내요. 하지만 주인님은 나이가 드시긴 했지만 아주 핸섬하세요. 죽었다 깨어나도 도련님이나 제이미 도련님은 그렇게 잘생길 수가 없을 거예요. (낄낄대고 웃는다) 제이미 도련님은 자기 시계가 있으면 일을 중단하고 위스키 마실 시간을 놓치지 않을걸요!

에드먼드 (그녀의 말을 무시하려던 걸 포기하고 씩 웃는다): 네 말이 맞아.

캐슬린: 이 말도 맞을걸요. 저보고 그분들 부르라고 하고 그분들이 오시기 전에 슬쩍 한잔하시려던 거죠?

에드먼드: 글쎄, 그 생각은 안 해 봤는데.

캐슬린: 아니라고요! 얌전빼시겠다 이거죠.

에드먼드: 하지만 네가 그 말을 하니⋯⋯

캐슬린 (갑자기 새침하고 고결한 사람이 된 것처럼): 저는 절대 남자나 여자에게 술을 권하지 않아요, 도련님. 옛날에 시골에서 삼촌 한 분이 술 때문에 돌아가셨다니까요. (누그러지며) 하지만, 기분이 안 좋을 때나 독감에 걸렸을 때는 한두 잔 마시는 것도 괜찮을 거예요.

에드먼드: 그럴듯한 구실을 줘서 고마워. (그리고 짐짓 아무렇지도 않게.) 어머니도 부르는 게 좋겠어.

캐슬린: 뭐 하려요? 부르지 않아도 제시간에 딱딱 오시는데요. 하인들에게 배려심이 많으니 축복받으실 거예요.

에드먼드: 낮잠을 주무시고 계셔.

캐슬린: 조금 전에 제가 2층 일을 마쳤을 때는 주무시지 않았어요. 눈을 활짝 뜨고 빈방에 누워 계셨어요. 두통이 너무 심하다고 하시면서.

에드먼드 (힘주어 아무렇지도 않다는 듯이): 그러면 아버지만 불러.

캐슬린 (심성 좋게 투덜대면서 현관문으로 간다): 밤마다 내 발이 아픈 이유가 있네. 이 더위에 나가서 일사병에는 걸리지 않을 거야. 그냥 현관문에서 불러야겠다.

(옆 현관으로 나가서 방충망 문을 뒤로 꽝 닫고 앞 현관 쪽으로 사라진다. 잠시 후 그녀가 고함치는 소리가 들린다.)

주인님! 제이미 도련님! 점심시간이에요!

(책 읽던 것을 잊어버리고 놀란 듯 앞을 바라보던 에드먼드는 긴장해

서 벌떡 일어선다.)

에드먼드: 와, 대단한 여자애야!

(병을 잡고 한잔 따른 후 얼음물을 섞어 마신다. 그러는 동안 현관문으로 누군가 들어오는 소리가 들린다. 그는 잔을 얼른 쟁반 위에 놓고 다시 앉아 책을 편다. 제이미가 윗도리를 팔에 걸치고 현관문으로 들어온다. 칼라와 타이도 벗어서 손에 들고 있다. 손수건으로 이마의 땀을 닦는다. 에드먼드는 독서를 방해받은 것처럼 올려다본다. 제이미가 병과 잔을 쓱 보더니 냉소를 보낸다.)

제이미: 몰래 한잔 마신 거야? 아닌 척하지 마. 너는 나보다 연기가 형편없어.

에드먼드 (씩 웃는다): 응. 기회가 있을 때 한잔 마셨지.

제이미 (어깨에 다정하게 손을 올리고): 좋았어. 나를 속일 필요가 뭐가 있어. 우리는 서로 통하는데.

에드먼드: 들어오는 사람이 형이라는 확신이 없었어.

제이미: 내가 노인네보고 시계를 보라고 했지. 캐슬린이 노래를 크게 시작했을 때 나는 반쯤 올라오고 있었어. 아일랜드의 야생 종달새 같아! 걔는 열차 아나운서 하면 잘할 거야.

에드먼드: 내가 한잔 마시게 된 것도 그 때문이야. 형도 기회가 있

을 때 한잔하지, 그래?

제이미: 안 그래도 그럴 생각이었지. (오른쪽 창문으로 재빨리 간다.) 노인네가 터너 선장과 대화 중이었어. 응, 지금도 대화하고 있군. (돌아와서 한잔 마신다.) 자 이제 아버지의 독수리 같은 눈을 피해야 해. 한잔 마실 때마다 병에 술이 얼마나 줄어들었는지 기억하시거든. (물 두 잔을 계량해서 위스키병에 넣고 섞는다.) 자. 감쪽같지. (잔에다 물을 따라 에드먼드 옆에 있는 테이블에 놓는다.) 자, 이건 네가 마시고 있던 물인 거야.

에드먼드: 좋아! 이런다고 아빠가 속아 넘어간다고 생각하는 건 아니지?

제이미: 속지 않을 수도 있지. 하지만 증명할 방법이 없잖아. (칼라와 타이를 착용하며) 자기 이야기에 빠져서 점심시간을 잊으시면 안 되는데. 배고파. (에드먼드 맞은편 테이블에 앉는다. 짜증스럽게) 내가 집 앞에서 일하기 싫은 이유가 바로 그거야. 지나가는 사람마다 붙잡고 연기하시거든.

에드먼드 (우울하게): 배가 고프다니 좋겠어. 지금 기분으로는 앞으로 다시는 음식을 먹을 수 없다 해도 상관없어.

제이미 (걱정스러운 눈길을 보내며): 야, 잘 들어. 너는 나를 잘 알잖아. 내가 너한테 설교한 적은 없지만 닥터 하디가 너보고 술을 끊으라고 한 건 맞는 말이야.

에드먼드: 아, 오늘 오후에 그가 나쁜 소식을 전해주면 바로 끊을

거야. 그렇다면 그 전에 몇 잔 마시는 건 아무 상관 없겠지.

제이미 (망설이다가 천천히): 나쁜 소식을 받아들일 준비가 되었다니 안심이야. 그렇게 큰 충격은 아닐 거야. (에드먼드의 눈길을 의식하고) 내 말은 네가 정말로 아픈 건 사실이고, 더 이상 스스로를 속이는 건 바보 같은 일이란 거지.

에드먼드 (언짢아서): 속이는 거 아냐. 나도 얼마나 아픈지 알아. 밤에 열과 오한이 나는 건 정말 장난이 아니거든. 닥터 하디가 지난번에 짐작한 것이 맞는 것 같아. 빌어먹을 말라리아가 도진 거야.

제이미: 그럴지도. 하지만 너무 확신은 하지 마.

에드먼드: 왜? 형은 뭐라고 생각하는데?

제이미: 내가 어떻게 알아! 의사도 아닌데. (뜬금없이) 엄마 어디 계셔?

에드먼드: 이 층에.

제이미 (날카롭게 동생을 쳐다보며): 언제 올라가셨는데?

에드먼드: 아마 내가 울타리에 내려갔을 때쯤. 눈 좀 붙이겠다고 하셨어.

제이미: 왜 말 안 했어.

에드먼드 (방어적으로): 왜 말해야 하는데? 무슨 이야기를 해? 그냥 피곤하시다고. 어젯밤에 잠을 못 주무셔서.

제이미: 그건 나도 알아.

(휴지. 형제들은 서로의 눈을 피한다.)

에드먼드: 나도 빌어먹을 무적 때문에 잠을 못 잤어. (또 휴지.)

제이미: 아침 내내 이 층에 혼자 계셨다고? 그 후로 본 적 없어?

에드먼드: 응. 여기서 책을 읽고 있었어. 주무실 기회를 드리고 싶
었어.

제이미: 점심때는 내려오시겠지?

에드먼드: 당연히.

제이미 (건조하게): 당연하지 않을 수도 있어. 점심을 안 드시고 싶
어 하실 수도 있어. 아니면 지금부터는 거의 모든 식사를 이 층
에서 혼자 드실 수도 있어. 전에도 그런 적 있었잖아.

에드먼드 (겁에 질려 화가 난 소리로): 그만둬, 형! 생각한다는 게 고
작……? (설득하려고 하며) 형은 뭔가를 의심하는 것 자체가 잘
못되었어. 캐슬린이 조금 전에 엄마를 봤대. 엄마가 점심 먹으
러 내려오지 않는다고 했대.

제이미: 그렇다면 낮잠을 주무신 게 아니야?

에드먼드: 그때는 아니었지만 눕는 중이었대, 캐슬린 말로는.

제이미: 빈방에서?

에드먼드: 응. 도대체, 그게 어때서?

제이미 (폭발한다): 이 바보야! 왜 엄마를 그렇게 오랫동안 혼자 내
버려 뒀어? 왜 곁에 안 있었냐고?

에드먼드: 왜냐하면 내가, 그리고 형과 아빠가, 항상 자기를 감시하고 신뢰하지를 않는다고 비난했기 때문이야. 그 말을 듣고 부끄러운 생각이 들었어. 엄마로서는 그게 얼마나 힘든 건지 알아. 그리고 엄마는 명예를 걸고 성스러운 약속을 하셨어.

제이미 (지겹다는 듯이): 그런 게 아무 소용이 없다는 거 너도 알 텐데.

에드먼드: 이번에는 달라!

제이미: 지난번에도 그렇게 생각했지. (테이블 너머로 손을 뻗어 동생의 팔을 사랑스럽게 꼭 쥔다.) 잘 들어, 꼬마야. 네가 나를 냉소적인 놈이라고 생각하는 거 알아. 하지만 이런 문제에 대해서는 너보다 내가 훨씬 경험이 많다는 걸 기억해. 너는 예비학교 갈 때까지 뭐가 진짜 문제인지 몰랐어. 아빠와 내가 너에게 숨겼으니까. 하지만 너한테 말하기 10년도 더 되기 전에 나는 알았어. 나는 이 문제에 대해서 속속들이 알고 있어서 어젯밤에 우리가 잠든 줄 알고 엄마가 한 행동에 대해 아침 내내 생각하고 있었지. 다른 건 생각할 수도 없었어. 그런데 너는 엄마가 혼자 있고 싶어 한다고 아침 내내 홀로 내버려 두었다는 말이잖아.

에드먼드: 아니야! 형은 돌았어!

제이미 (비위를 맞추려는 듯): 맞아, 애송이. 나하고 싸우려 들지는 마. 나도 내가 미쳤으면 좋겠다. 이번에는 뭔가 다르다고 생각해서 너무 기뻤었는데…… (말을 멈추고, 앞 응접실 너머의 복도를 보면서, 목소리를 낮추고 급하게 말한다) 내려오신다. 이번에는 네가 이겼어. 나는 모든 걸 의심만 하는 한심한 놈이야.

(두 사람 모두 희망적이지만 두려운 기대감으로 긴장한다. 제이미가 중얼거린다.)

젠장! 한잔 더 마실걸.

에드먼드: 나도.

(긴장해서 기침하고 그것이 발작적인 기침으로 연결된다. 제이미는 걱정스러운 동정의 눈길로 그를 본다. 메리가 앞 응접실에서 등장한다. 처음에는 그녀가 전보다 덜 긴장하고, 아침 식사 직후 우리가 그녀를 처음 보았을 때의 모습으로 돌아간 것 외에는 아무 변화가 없어 보인다. 그러나 자세히 보면 그녀의 눈이 더 빛나고, 마치 자신의 말과 행동으로부터 동떨어진 것처럼 목소리와 태도에 특이한 초연함이 있는 걸 알게 된다.)

메리 (걱정스러운 듯 에드먼드에게 가서 그를 팔로 안는다): 그런 식으로 기침하면 안 돼. 목에 나빠. 감기에다 목까지 아프면 어떻게 하려고.

(그에게 키스한다. 에드먼드는 기침을 멈추고 엄마를 걱정스럽게 흘 깃 쳐다보지만, 의혹이 든다 해도 엄마의 다정함 때문에 의심은 사라 지고 그는 잠시나마 믿고 싶은 것을 믿는다. 그와 반대로 제이미는 엄 마를 한번 뚫어지게 보는 것만으로도 자기 의심이 맞았다는 것을 알 게 된다. 얼굴이 비통하고 방어적이고 냉소적인 표정으로 굳어지면서 눈길은 바닥을 내려다본다. 메리는 에드먼드에게 팔을 두르고 팔걸이 의자에 반쯤 앉아 계속 말을 하고, 그녀의 얼굴이 그의 뒤편 위에 있기 때문에 그는 엄마의 눈을 들여다볼 수 없다.)

그런데 내가 이거 하지 마라, 저거 하지 마라 하고 계속 너를 괴롭히고 있는 것 같구나. 용서해 줘, 아들. 단지 너를 잘 보살 피고 싶어서 그래.

에드먼드: 알아요, 엄마. 엄마는 어때요? 쉬고 난 기분이 어때요?

메리: 그래, 훨씬 낫구나. 네가 나가고 난 뒤 계속 누워 있었어. 그 렇게 뒤척이며 밤새고 나면 그게 꼭 필요해. 이제는 긴장감이 풀렸다.

에드먼드: 잘되었네요.

(자기 어깨에 놓인 엄마의 손을 토닥인다. 제이미는 동생이 진심으로 저런 소리를 하는 건가 궁금해하며 이상하고 거의 경멸적인 시선을 에 드먼드에게 보낸다. 에드먼드는 눈치채지 못하지만, 엄마는 눈치챈다.)

메리 (가식적인 놀리는 어조로): 저런, 제이미, 너는 왜 그렇게 풀이 죽었어? 이번에는 무슨 일이야?

제이미 (엄마를 보지도 않고): 아무것도 아니에요.

메리: 아, 네가 집 앞 울타리에서 일하고 왔다는 걸 내가 잊었구나. 그래서 기운이 하나도 없는 거야?

제이미: 엄마 마음대로 생각하세요.

메리 (여전히 놀리는 어조로): 그래, 일하고 나면 항상 그런 기분이 들지? 아직도 아기 같구나. 그렇지 않니, 에드먼드?

에드먼드: 남이 어떻게 생각하는지 신경 쓰다니 확실히 바보예요.

메리 (이상한 말투로): 맞아. 가장 유일한 방법은 스스로 신경 안 쓰도록 하는 거야. (제이미가 자기에게 씁쓸한 눈길을 보내는 걸 감지하고 화제를 바꾼다.) 아버지 어디 계시니? 캐슬린이 부르는 소리를 들었는데?

에드먼드: 형 말로는 터너 선장님과 수다 떨고 계시다네요. 늘 그러듯이 늦으실 거예요.

(제이미는 등을 돌릴 구실이 생기자 일어나서 오른쪽 창문으로 간다.)

메리: 아빠가 어디 계시든 직접 가서 말씀드리라고 캐슬린에게 몇 번이고 말했건만. 싸구려 하숙집처럼 소리를 지르다니!

제이미 (창을 내다보며): 캐슬린이 이제 저기에 갔네요. (빈정대며.)

저 명배우의 유명한 미성을 중단시키다니! 존중을 해드려야
하는데.

메리 (그에 대해 품고 있던 앙심을 표출하며, 날카롭게): 존중을 해드려
야 하는 건 바로 너야! 아버지를 그만 조롱하라고! 더 이상 못
참아! 아버지의 아들인 것을 자랑스러워해야 해! 물론 결점이
있겠지. 결점 없는 사람이 어디 있어? 하지만 평생 열심히 일했
어. 가난하고 무식한 신분에서 자기 직업의 정상까지 올라가신
분이야! 다른 사람은 모두 그를 존경하고 있는데 네가 아버지
를 조롱하면 안 되지. 아버지 덕분에 평생 힘들여 일할 필요도
없이 살아온 네가!

(제이미는 찔려서 엄마에게 몸을 돌려 비난조의 적대감을 가지고 노
려본다. 그녀의 눈빛이 찔리는 듯이 흔들리더니 달래는 말투로 덧붙인
다.)

제이미, 아버지가 이제 늙어가고 있다는 걸 기억해. 좀 더 배려
를 해드려야 해.

제이미: 그래야 해요?

에드먼드 (불안해서): 형, 이제 그만해!

(제이미는 다시 창밖을 내다본다.)

그리고 엄마, 도대체 왜 갑자기 형한테 난리예요?

메리 (속상해서): 항상 누군가를 비웃고, 모든 사람의 가장 아픈 약점을 찾고 있기 때문이야. (갑자기 초연하고 감정이 섞이지 않은 어조로 말투를 바꾸더니) 하지만 인생이 그를 그렇게 만든 걸 어쩌겠어. 인생이 우리에게 저지른 일은 아무도 어떻게 할 수가 없는 거야. 깨닫기도 전에 벌써 그 일은 일어났고, 일단 그러고 나면 인생은 우리가 엉뚱한 일을 하게 만들어. 그래서 마침내 우리가 원래 되고 싶은 것과 우리 사이에는 모든 것이 끼어들어, 진정한 자아를 영원히 잃어버리고 말지.

(그녀의 신비한 분위기에 에드먼드는 두려움에 싸인다. 엄마의 눈을 올려다보려고 하지만 메리의 눈은 계속 다른 곳을 본다. 제이미가 엄마를 보더니 재빨리 창밖으로 눈을 돌린다.)

제이미 (덤덤하게): 배고파. 노인네가 빨리 움직였으면 좋겠는데. 식사를 못 하게 기다리게 해놓고 식사가 식었다고 투덜대는 건 아주 치사한 일이야.

메리 (속으로는 아무 상관도 없으면서 겉으로는 자동적으로 분개하며): 맞아, 그건 참기 힘든 일이야, 제이미. 너는 얼마나 힘든지 몰라. 여름 동안에만 하는 일이라고 건성으로 일하는 하인들을 데리고 집을 가꿀 일이 없으니까. 정말 좋은 하인들은 여름 별

장이 아니라 진짜 집을 소유한 사람들에게 다 가 있지. 그리고
네 아버지는 유능한 계절 하인들이 원하는 급료도 지급하지
않으려고 해. 그래서 매년 나는 멍청하고 게으른 초짜들만 상
대해야 해. 내가 이런 말 하는 거 너는 골백번도 더 들었지. 네
아버지도 물론 들었지만 한 귀로 듣고 다른 귀로 흘려보내. 아
버지는 집에 돈 들이는 건 낭비라고 생각하지. 호텔에서 너무
많이 살아서 그래. 물론 고급 호텔도 아니지. 2류 호텔. 아버지
는 집을 이해 못 해. 집에서 편안함을 느끼지 못해. 그러면서도
집을 원해. 이 낡은 집을 가진 것도 자랑스러워한다니까. 이곳
을 사랑해. (희망이 없지만 즐거운 웃음을 웃는다.) 생각해 보면 참
웃기는 일이야. 참 유별난 사람이라니까.

에드먼드 (다시 불안하게 엄마의 눈을 올려다보려고 하며): 엄마, 왜 이
렇게 말씀이 많으세요?

메리 (재빨리 아무렇지도 않은 듯 그의 뺨을 토닥이며): 아니, 특별한 일
아니야. 바보 같지.

(말하는 중에 캐슬린이 뒷응접실에서 등장한다.)

캐슬린 (유창하게): 점심 준비되었습니다, 마님. 그리고 명령하신 대
로 주인님에게 가서 말씀드렸는데 곧 오시겠다고 하고선 계속
저분과 말씀 중이시네요. 옛날이야기를……

메리 (무관심하게): 알았다, 캐슬린. 브리짓에게 가서 미안하지만 우리 남편이 올 때까지 몇 분 더 기다려야 할 거라고 말해다오.

(캐슬린은 "네, 마님"하고 중얼거리고 뒷응접실을 통해 나가면서 투덜댄다.)

제이미: 빌어먹을! 그냥 아버지 없이 먹으면 안 돼요? 그러라고 하셨잖아요.

메리 (재미있다는 듯 미소를 띠고): 진심이 아니란다. 아직도 아버지를 모르겠니? 그대로 진행했다가는 너무 상처받으실 거야.

에드먼드 (자리를 벗어날 구실이 생겨서 다행이라는 듯이 벌떡 일어난다.): 빨리 움직이시도록 할게요. (옆 베란다로 나간다. 잠시 후 현관에서 짜증이 난 듯이 부르는 소리가 들린다.) 아빠, 빨리요! 온종일 기다릴 수 없어요!

(메리가 팔걸이의자에서 일어난다. 그녀의 손이 식탁 위에서 불안한 듯 춤춘다. 제이미를 보지는 않지만, 자신의 얼굴과 손을 냉소적으로 평가하는 그의 시선을 느낀다.)

메리 (긴장해서): 왜 그렇게 쳐다보니?

제이미: 아시잖아요. (다시 창으로 몸을 돌린다.)

메리: 모르겠는데.

제이미: 오, 제발, 엄마는 나를 속일 수 있다고 생각하세요? 나는 장
　　님이 아니에요.

메리 (고집스럽게 부인하는 표정으로 얼굴이 굳어진 채 이제 제이미를 똑
　　바로 쳐다본다.): 무슨 이야기를 하는지 모르겠구나.

제이미: 그래요? 거울로 가서 눈을 한번 보세요!

에드먼드 (현관에서 들어오며): 아빠를 드디어 움직이게 했어요. 곧
　　오실 거예요. (형과 엄마를 번갈아 쳐다보는데 엄마는 눈길을 외면
　　한다. 불안에 싸여) 무슨 일이 생겼어요? 엄마, 무슨 일이에요?

메리 (에드먼드가 오자 심란해하면서 죄책감과 초조한 흥분에 휘말리며):
　　네 형은 자신을 부끄럽게 여겨야 해. 내가 알지도 못하는 일을
　　가지고 자꾸 눈치를 주는구나.

에드먼드 (형을 향하여): 빌어먹을!

(형을 향해 위협적으로 다가선다. 제이미는 어깨를 으쓱하며 등을 돌
려 창밖을 본다.)

메리 (더 화가 나서 에드먼드의 팔을 잡고 흥분해서): 당장 그만둬, 알겠
　　어? 내 앞에서 어떻게 감히 그런 언어를 사용하는 거냐! (전에
　　보였던 신비스럽고 초연한 어조와 태도로 갑자기 돌아가며.) 네 형의
　　잘못이 아니야. 과거가 형을 저렇게 만든 걸 어쩌겠니. 아버지

가 어쩔 수 없는 것과 마찬가지지. 너도 그렇고. 나도.

에드먼드 (겁에 질려, 희망할 수 없는 것을 간절히 희망하며): 형은 거짓
말쟁이예요. 거짓말이죠, 엄마?

메리 (외면한 채): 뭐가 거짓말이란 거야? 이제 너도 형처럼 수수께
끼 같은 말을 하는구나. (충격에 싸여서 비난하는 그의 눈길을 대하
며. 더듬는 말로) 에드먼드! 하지 마! (눈길을 돌리고 신비하고 초연
한 태도를 즉각 다시 찾는다. 차분하게) 아빠가 계단으로 올라오시
는구나. 브리짓에게 말해야겠다.

(뒷응접실을 통해 나간다. 에드먼드는 천천히 자기 의자로 이동한다.
아프고 절망적인 표정이다.)

제이미 (창문에서, 돌아보지도 않고): 이제 어떡해?

에드먼드 (형이 하는 말은 어떤 것도 인정하지 않으려 하며 반항적으로):
어떡하기 뭘 어떡해? 형은 거짓말쟁이야. (제이미는 다시 어깨를
으쓱한다. 현관의 방충망 문이 닫히는 소리가 들린다. 에드먼드는 덤
덤하게 말한다.) 아빠 오셨어. 아빠가 술병을 들고 화내시지 않
았으면 좋겠는데.

(타이론이 앞 응접실을 통해 들어온다. 재킷을 입고 있다.)

타이론: 늦어서 미안하다. 터너 선장이 지나가다가 대화를 시작했
    는데 한번 입을 열기 시작하면 도저히 빠져나올 수 없다니까.

제이미 (돌아보지 않고 덤덤하게): 그분이 아버지의 말을 듣기 시작
    하면 그렇겠죠. (타이론이 싫은 표정으로 그를 본다. 위스키병의 눈
    금을 재빨리 측정하면서 테이블로 온다.) 걱정하지 마세요. 술은 그
    대로 있으니까.

타이론: 그거 본 거 아니다. (신랄하게 덧붙인다.) 하기야 병의 술이
    그대로 있다 한들 무슨 의미가 있겠어. 네 속임수를 내가 다 아
    는데.

에드먼드 (덤덤하게): 지금 다 같이 한잔하자고 하셨어요?

타이론 (그를 보고 인상 쓴다): 제이미는 아침에 힘든 노동을 했으니
    한잔해도 괜찮지. 하지만 너는 안 돼. 닥터 하디 말이⋯⋯

에드먼드: 닥터 하디 이야기는 좀 그만해요! 한잔한다고 죽지는 않
    을 거니까. 기분이 지금 쳐져있어요, 아빠.

타이론 (걱정스럽게 그를 쳐다보며 짐짓 호탕한 체하며): 그렇다면 한
    잔해라. 식전이고, 내가 알기로 애피타이저로 적당하게 마시는
    좋은 위스키는 최선의 강장제이니까. (에드먼드가 일어나자 아버
    지가 병을 그에게 건넨다. 에드먼드는 크게 한잔 따른다. 타이론이 나
    무라듯이 상을 찌푸린다.) 적당하게, 라고 했을 텐데. (자신에게도
    한잔 따르고 제이미에게 병을 건네주며 투덜댄다.) 너한테 적당히
    하라고 해봤자 헛소리지.

(눈치를 주는데도 제이미는 크게 한잔 따른다. 아버지는 상을 찌푸리다가 단념하고 잔을 들며 쾌활한 태도를 되찾는다.)

자, 건강과 행복을 위하여!

(에드먼드가 쓴웃음을 짓는다.)

에드먼드: 농담도 잘하시네!
타이론: 뭐가 농담이야?
에드먼드: 아무것도 아니에요. 건배.

(다 같이 마신다.)

타이론 (묘한 분위기를 감지하고): 무슨 일이야? 왜 이렇게 분위기가
　　　우울해. (의심을 품고 제이미를 향한다.) 원하던 술을 마셨잖아?
　　　그런데 왜 우울한 표정을 하고 있어?
제이미 (어깨를 으쓱하며): 좀 있으면 아빠도 그렇게 될걸요.
에드먼드: 닥쳐, 형.
타이론 (기분이 언짢아져서 화제를 바꾸며): 점심 준비가 다 된 줄 알
　　　았는데. 배가 엄청나게 고프구나. 네 엄마는 어디 갔니?
메리 (뒷응접실을 통해 들어오며 외친다): 저 여기 있어요. (들어온다.

흥분하고 자의식적인 상태이다. 말을 하면서 애써 가족들의 얼굴을 쳐다보지 않으려 한다.) 브리짓을 진정시키려고 갔어요. 당신이 늦었다고 짜증을 내고 있는데 걔만 나무랄 게 아니죠. 식사를 오븐에다 너무 오래 둬서 말라비틀어지면 그런 걸 드셔도 싸다고 하면서 드시든 말든 마음대로 하래요. (점점 더 흥분해서) 오, 나는 이런 걸 집이라고 하면서 사는 것도 넌더리났어요! 당신은 전혀 도와주지도 않고! 전혀 노력을 안 하고 있잖아요! 집에서 어떻게 처신해야 하는지도 몰라요! 사실 당신은 집을 원하지도 않아요! 원한 적이 없죠. 우리가 결혼한 날부터! 총각으로 남아 2류 호텔에서 살면서 술집에서 친구들을 대접했어야 해요! (그리고 이제는 타이론보다 자신에게 말하는 것처럼 이상한 말을 덧붙인다.) 그러면 아무 일도 일어나지 않았겠지.

(가족들이 그녀를 쳐다본다. 타이론은 이제 깨닫는다. 그는 갑자기, 지치고 쓰라리게 슬픈 노인처럼 보인다. 에드먼드는 아버지를 힐끗 보고 그가 이제 안다는 것을 알면서도 엄마에게 경고하려고 애쓴다.)

에드먼드: 엄마! 그만하세요. 점심 먹어야죠.
메리 (깜짝 놀라며 부자연스러운 초연함의 분위기가 그녀의 얼굴에 다시 자리 잡는다. 자신에게 아이러니한 재미를 느끼듯이 미소 짓기까지 한다.): 맞아. 아버지와 제이미가 배고플 거라는 걸 알면서도 과

거를 들추다니 나도 참 배려심이 없어. (에드먼드의 어깨를 팔로 감싼다. 그것은 염려하는 제스처이면서도 거리가 있다.) 네가 입맛을 찾았으면 좋겠구나, 아들. 너는 정말 더 많이 먹어야 해. (그의 옆에 있는 위스키 잔에 눈을 고정시킨 채, 날카롭게) 저 잔이 왜 저기 있어? 한잔한 거야? 오, 어쩌면 이렇게 바보 같은 짓을 했어? 이게 가장 해로운 거 몰라? (타이론에게 몸을 돌려) 여보, 당신 잘못이에요. 어떻게 얘가 술을 마시게 내버려 둬요? 애를 죽이고 싶어요? 우리 아버지 생각 안 나요? 병에 걸리고도 멈추지 않았죠. 의사들은 바보라고 하면서! 당신처럼 아버지도 위스키가 좋은 강장제라고 하셨죠! (눈에 공포의 표정이 떠오르면서 말을 더듬는다.) 하지만 물론 전혀 비교거리가 안 되죠. 내가 왜…… 여보, 나무라서 미안해요. 작은 잔 하나 마신다고 에드먼드에게 무슨 큰 해가 되겠어요. 식욕을 돋게 한다면 오히려 좋을 수도 있죠.

(장난스럽게 에드먼드의 뺨을 톡톡 치면서 다시 태도에 초연한 분위기가 스민다. 에드먼드가 머리를 홱 돌린다. 그녀는 그걸 눈치채지 못한 것 같은데도 본능적으로 자리를 옮긴다.)

제이미 (긴장한 것을 숨기려고 일부러 거칠게): 제발, 밥 좀 먹읍시다. 오전 내내 울타리 밑에 있는 땅바닥에서 일했단 말이에요. 밥

값은 했습니다. (어머니를 보지 않고 아버지 뒤로 와서 에드먼드의 어깨를 꽉 잡는다.) 꼬맹이, 어서. 먹자.

(에드먼드는 어머니로부터 눈을 돌린 채 일어난다. 그들은 어머니를 지나쳐 뒷응접실을 향한다.)

타이론 (덤덤하게): 그래, 너희는 엄마와 함께 가라. 내가 곧 뒤따라 갈 테니.

(하지만 두 아들은 어머니를 기다리지 않고 계속 간다. 그녀는 어쩔 수 없이 상처를 받아 그들의 등을 보고 그들이 뒷응접실로 들어가자 따라나선다. 타이론은 슬프고 비난하는 눈으로 그녀를 본다. 그 눈길을 느낀 그녀는 휙 돌아서지만, 그의 눈을 쳐다보지는 못한다.)

메리: 왜 그런 식으로 나를 봐요? (손이 더듬거리며 올라가 머리를 매만진다.) 내 머리가 내려왔어요? 어젯밤에 잠을 못 자서 너무 녹초가 되었어요. 아침에 누워서 쉬는 게 좋겠다는 생각이 들었어요. 그러다가 깜빡 잠이 들었는데 아주 몸이 개운할 정도로 잤어요. 하지만 일어났을 때 머리 손질을 했었는데. (억지로 웃으며) 그런데 늘 그렇듯이 안경을 찾을 수가 없군요. (날카롭게) 좀 그만 봐요! 누가 보면 나를 나무라는 줄 알겠어요. (그리

고 하소연하듯이) 제임스! 당신은 이해 못 해요!

타이론 (둔한 분노로): 당신을 믿은 내가 빌어먹을 바보라는 건 이해 하오. (그녀에게서 물러나서 크게 한잔 따른다.)

메리 (얼굴이 고집스럽게 대드는 표정으로 굳어진다): "나를 믿는다"라 는 말이 무슨 뜻인지 모르겠어요. 내가 느낀 건 불신과 훔쳐보 는 것과 의혹밖에 없었는데. (그러다가 비난조로) 왜 또 한잔 마 시는 거예요? 점심 식사 전에는 한잔 이상 안 마셨잖아요. (비 통하게) 오늘 일이 어떻게 돌아갈지 뻔해요. 당신은 오늘 밤에 취해 있겠지요. 하기야, 처음도 아니니까…… 한 천 번 정도 되 었나? (다시 하소연하며 외친다) 오, 제임스, 제발! 당신은 이해 못 해요! 에드먼드가 너무 걱정돼요! 내 두려움은 개가……

타이론: 변명은 듣고 싶지 않아요, 메리.

메리 (충격을 받아): 변명이라고요? 당신 말은 내가……? 오, 그런 생각을 하면 안 되죠! 그건 안 돼요, 제임스! (다시 슬그머니 이상 한 초연함의 상태로 돌아가서 아무렇지도 않게) 점심 먹으러 가야 죠, 여보? 나는 별로 생각이 없지만, 당신은 시장하잖아요.

(그는 그녀가 서 있는 문간으로 천천히 걸어간다. 걸음걸이가 노인 같 다. 그가 다가오자 그녀는 불쌍하게 외친다.)

제임스, 나도 노력을 했다고요! 너무나 열심히! 제발 믿어줘요……!

타이론 (자신도 모르게 감동을 받아, 어쩔 수 없이): 물론 그랬겠지, 메리. (그러다 슬픔에 잠겨) 그런데 왜 계속할 힘이 없었던 거요?

메리 (고집스러운 부정의 표현으로 다시 얼굴이 굳어지며); 무슨 말씀하시는지 모르겠네요. 무엇을 계속할 힘을 말하는 거예요?

타이론 (절망적으로): 그만둡시다. 이제 소용없으니까.

(그가 움직이자 그녀는 그의 옆에서 그를 따라 뒷응접실로 사라진다.)

막

2막 2장

무대배경

30분 후 같은 장소. 위스키병이 담긴 쟁반은 테이블에서 사라졌다. 막이 오르자 가족들이 점심 식사를 마치고 돌아오고 있다. 뒷응접실에서 메리가 제일 먼저 등장한다. 남편이 뒤를 따른다. 1막 서두에 아침 식사를 마치고 비슷하게 등장할 때와는 달리 두 사람이 같이 들어오지는 않는다. 타이론은 부인을 접촉하거나 보는 것을 피한다. 그의 얼굴에는 비난의 표정이 있는데, 그것이 이제는 지치고 어쩔 수 없다는 체념의 표정과 섞여 있다. 제이미와 에드먼드가 아버지를 뒤따른다. 제이미의 얼굴은 방어적인 냉소주의로 굳어져 있다. 에드먼드는 이 방어적 태도를 따라 하려 하지만 잘 안 된다. 육체적으로 아플 뿐만 아니라 마음의 상처까지 받았다는 것을 분명히 내비친다.

마치 그들과 함께 식사하면서 스트레스를 너무 심하게 받은 것처럼 메리는 또다시 엄청난 긴장 상태이다. 하지만 동시에 이것과는 대조적으로, 신경쇠약과 그것의 원인이 되는 걱정거리와는 동떨어져 보이는 묘한 초연함이 표정에서 더 많이 보인다.

그녀는 들어오면서 말을 하고 있다. 일상적인 가족 대화에서 사용되는 말들이 그녀의 입에서 아무렇지도 않게 끊임없이 흘러나온다. 자신과 마찬가지로 가족들도 그녀의 말에 집중하지 않고 있다는 사실을 개의치 않는 것처럼 보인다. 말을 하면서 테이블 왼쪽으로 와서 정면으로 바라보며 선다. 한 손은 드레스의 가슴 부분을 만지작거리고 다른 손은 테이블 위에서 춤춘다. 타이론은 시가에 불을 붙이고 방충망 문으로 가서 밖을 내다본다. 제이미는 뒤에 있는 책장 위 항아리에서 담뱃잎을 꺼내 파이프를 채운다. 불을 붙이고 오른쪽 창문으로 가서 밖을 내다본다. 에드먼드는 엄마를 안 보려고 몸을 반쯤 돌린 채 테이블 옆 의자에 앉는다.

메리: 브리짓은 지적을 해봐야 아무 소용이 없어. 듣지를 않아요. 위협도 할 수 없어, 그랬다가는 그만두겠다고 오히려 위협해요. 그리고 가끔은 최선을 다해요. 그런데 그게 당신이 꼭 늦을 때 그런다는 것이 안타까워요, 제임스. 한가지 위안이 있다면, 요리를 먹어서는 걔가 최선을 다하고 있는지 아니면 최악의 상태인지 알기 힘들다는 거예요. (혼자서 재미있어하며 약간 웃는다. 무관심하게) 신경 쓰지 말아요. 고맙게도 여름은 곧 끝나니까. 다시 공연 시즌이 되면 우리는 2류 호텔과 기차로 돌아갈 수 있으니까. 나도 그게 싫지만 적어도 집과 똑같다고 기대하지 않으니까, 하인들을 신경 쓰지 않아도 되니까. 브리짓이나 캐슬린보고 이곳이 마침 집인 것처럼 행동해달라고 기대하

는 건 무리지. 걔들도 집이 아니라는 걸 아니까. 옛날에도 그랬고 앞으로도 쭉 그럴 거니까.

타이론 (몸을 돌리지 않고 신랄하게): 지금은 절대 그럴 수 없지. 하지만 전에는 집 같았어. 당신이……

메리 (갑자기 얼굴이 멍하게 부인하는 표정으로 굳어지며): 내가 뭐 하기 전에요? (무거운 침묵이 흐른다. 다시 초연한 태도로 돌아가서 말을 계속한다.) 말도 안 돼요. 무슨 뜻으로 그 말을 했든, 그건 사실이 아니에요. 그리고 내게 집은 언제나 하룻밤 묵는 싸구려 호텔의 더러운 방처럼 외로웠어요. 진짜 집에서는 절대로 외로워지지 않죠. 집이 어떤 곳인지 내가 경험상 안다는 걸 잊으셨나 봐요. 당신하고 결혼하면서 나는 집을 포기했죠. 우리 아버지의 집을. (갑자기 연상작용이 일어나면서 그녀는 에드먼드에게 몸을 돌린다. 부드럽게 달래는 태도로 바뀌지만, 거기에도 묘한 초연함의 분위기가 있다.) 에드먼드, 네가 걱정된다. 점심때 아무것도 손대지 않았잖아. 그건 자신을 챙기는 방법이 아니야. 내가 입맛이 없는 건 상관없어. 너무 살이 쪘으니까. 하지만 너는 먹어야 해. (모성적인 태도로 달래며) 나를 봐서라도 먹겠다고 약속해 다오.

에드먼드 (덤덤하게): 알았어요, 엄마.

메리 (뺨을 토닥거리자 에드먼드는 피하지 않으려고 애쓴다.): 착하지.

(또다시 깊은 침묵. 현관의 전화벨이 울리자 모두 놀란 듯이 몸이 굳어진다.)

타이론 (서둘러): 내가 받지. 맥과이어가 전화한다고 했거든. (앞 응접실을 통과해서 나간다.)

메리 (아무렇지도 않은 듯이): 맥과이어야. 네 아버지 말고는 아무도 사지 않을 땅을 또 사라고 하는 거지. 이제 더 이상 아무 상관이 없어. 하지만 네 아버지는 계속 땅을 사들이면서도 나한테 제대로 된 집을 마련해 줄 여유는 없는 것 같아.

타이론: 여보세요. (일부러 호탕하게) 아, 안녕하세요, 하디 선생님?

(제이미가 창문에서 몸을 돌린다. 메리의 손가락이 테이블에서 빠르게 춤을 춘다. 숨기려고 하지만 타이론의 목소리는 나쁜 소식을 듣고 있다는 것을 보여준다.)

네 알겠습니다. (서둘러) 오늘 오후에 그 애를 진료할 때 모든 걸 설명해주시죠. 네, 틀림없이 가도록 하겠습니다. 네 시죠. 그 전에 제가 먼저 들러서 대화를 나누도록 하죠. 어쨌든 용무가 있어서 시내에 가야 하거든요. 안녕히 계세요, 선생님.

에드먼드 (덤덤하게): 좋은 소식 같지는 않군요.

(제이미는 불쌍하다는 듯 쳐다보고 다시 창밖으로 눈을 돌린다. 메리의 얼굴은 공포에 질리고 손은 정신없이 퍼덕인다. 타이론이 들어온다. 에드먼드에게 말을 걸 때 아무렇지 않은 척하지만 긴장하고 있음이 역력하게 드러난다.)

타이론: 닥터 하디야. 네 시에 꼭 오라고 하네.

에드먼드 (덤덤하게): 뭐래요? 이제 신경도 안 쓰지만.

메리 (흥분해서 폭발한다.): 성경책을 쌓아놓고 맹세한다고 해도 그 사람 말은 안 믿어요. 그 사람 하는 말 신경 쓸 거 없다, 에드먼드.

타이론 (날카롭게): 여보!

메리 (더 흥분해서): 오, 우리는 당신이 왜 그 사람 좋아하는지 다 알아요, 제임스! 싸기 때문에! 그러니 제발 나한테 변명하려고 하지 말아요. 나는 닥터 하디를 속속들이 알고 있으니까. 오랜 세월 겪어보니까 당연히 알 수밖에요. 그 사람은 무식한 바보예요! 저런 사람들은 진료를 못 하게 하는 법이 있어야 해. 아는 게 전혀 없어…… 고통스러워서 반쯤 정신이 나갈 때 그 사람이 하는 거라고는 손을 잡고 의지력에 대해 설교하는 것뿐이죠! (옛날 기억이 나면서 극도의 고통을 표현하느라 얼굴이 일그러진다. 증오로 가득 차서) 일부러 당신을 욕보이는 거예요! 당신을 애걸복걸하게 만든다고요! 당신을 범죄자 취급해요! 아는 게 아무것도 없어요! 당신에게 처음 약을 준 것도 같은 종류의 싸구려 돌팔이였죠…… 알았을 때는 너무 늦었지만! (열정적으로) 나는 의사들을 증오해요! 환자를 계속 오게 하려고 무슨 짓이든 하는 인간들이에요. 그 사람들은 영혼이라도 팔 거예요! 더 끔찍한 것은 그 사람들이 당신 영혼도 팔 것이고, 당신은 지옥에 가서야 그 사실을 알게 될 거예요!

에드먼드: 엄마! 제발, 그만 해요.

타이론 (충격을 받아): 그래, 메리, 지금은 그런 말 할 때가……

메리 (갑자기 죄책감 때문에 혼란에 휩싸여 말을 더듬는다.): 나는…… 여보 용서해요. 당신 말이 맞아요. 이제 와서 화내봤자 소용없지요. (또다시 무거운 침묵. 그녀가 다시 입을 열 때 얼굴이 깨끗하고 평온하다. 그리고 목소리와 태도에는 신비한 초연함의 분위기가 있다.) 미안하지만 잠깐 이 층에 갈게요. 머리 손질을 해야 해서. (웃으며 덧붙인다.) 안경을 찾을 수만 있다면. 곧 내려올게요.

타이론 (문간으로 갈 때 하소연하는 조로 나무란다.): 메리!

메리 (돌아서서 차분히 그를 바라보며): 네, 여보? 왜요?

타이론 (무력하게): 아무것도 아니야.

메리 (묘한 경멸적 미소로): 그렇게 의심스러우면 올라와서 감시해도 좋아요.

타이론: 그래봐야 무슨 소용이 있어! 결국 당신은 나중에라도 할 텐데. 그리고 나는 당신의 간수가 아니야. 이곳이 감옥도 아니고.

메리: 맞아요. 당신은 이곳을 집이라고 생각할 뿐이죠. (초연한 태도로 반성하며 덧붙인다) 미안해요, 여보. 그렇게 독하게 말할 생각은 아니었는데. 당신 잘못이 아니에요.

(돌아서서 뒷응접실을 통해 사라진다. 세 사람은 계속 침묵을 지킨다. 그녀가 올라가기를 기다리고 나서야 말을 시작하려는 것 같다.)

제이미 (냉소적으로 잔인하게): 팔에 주사 또 한 방 맞겠군!

에드먼드 (화가 나서): 그따위로 말하는 거 그만둬!

타이론: 그래! 더러운 혀와 빌어먹은 브로드웨이 놈팡이의 말투 집어치워! 너는 동정심이나 예의도 없니? (분노를 폭발하여) 내가 너를 쫓아내서 도랑에 처박히게 만들어야 해! 하지만 그러고 나면 너를 위해 울고 하소연하고, 변명하고 호소하여, 결국 네가 돌아오도록 만들 사람이 누군지 너는 너무나 잘 알겠지.

제이미 (발작적인 고통이 얼굴을 스치며): 젠장, 제가 그걸 모를 것 같아요? 동정심이 없다고요? 저는 엄마가 너무나 불쌍해요. 엄마가 얼마나 힘든 싸움을 하고 있는지 잘 알아요. 아버지보다도 훨씬 더! 제가 그런 말을 했다고 감정이 없는 건 아니에요. 저는 그냥 우리가 모두 알고 있는 것, 또다시 안고 살아야 하는 것을 투박하게 표현한 것뿐이에요. (비통하게) 치료는 잠시만 효력이 있을 뿐이에요. 사실은 치료책이 없는데 우리는 바보같이 희망을 품고…… (냉소적으로) 다 끝났어요!

에드먼드 (형의 냉소주의를 경멸스럽게 비꼬아서 따라하며): 다 끝났지! 모두! 다 짜고 친 게임이야! 우리는 모두 패배자이고 바보고 우리는 이길 수 없어! (경멸적으로) 빌어먹을, 내가 형과 같은 기분이라면……!

제이미 (잠시 찔린다…… 그러다가 어깨를 으쓱하며, 담담하게): 너도 나 같은 기분인 줄 알았는데. 네 시도 그렇게 명랑하지는 않아. 네가 존경한다면서 읽는 책도. (뒤에 있는 작은 책장을 가리킨다.) 네가 좋아하지만 발음하기도 힘든 이름을 가진 작가, 가령……

에드먼드: 니체를 말하는구나. 형은 알지도 못하면서. 니체를 읽은 적도 없잖아.

제이미: 헛소리라는 걸 알 만큼은 읽었다!

타이론: 둘 다 그만해! 네가 브로드웨이 건달들에게서 배운 철학이나, 에드먼드가 책에서 배운 철학이나 그게 그거다. 둘 다 속속들이 썩었어. 너희는 둘 다 너희 탄생과 성장의 바탕이 되는 신앙, 단 하나의 진정한 신앙인 천주교를 조롱했어, 그리고 그것을 거부한 결과가 너희의 자기 파멸이야!

(두 아들 모두 그를 경멸의 눈으로 바라본다. 형제는 자신들의 싸움을 잊어버리고 이 문제에 대해서는 하나가 되어 아버지에게 맞선다.)

에드먼드: 그건 말도 안 돼요, 아빠!

제이미: 적어도 우리는 믿는 시늉은 안 해요. (신랄하게) 아버지가 바지 무릎에 구멍이 날 정도로 미사에 가시는 건 본 적이 없는데요.

타이론: 내가 계율을 지키는 데 있어서 형편없는 가톨릭 신자라는 건 사실이다. 하지만 믿음은 있다고! (화가 나서) 그리고 네 말은 틀렸어! 내가 교회는 안 갈지 몰라도 평생 매일 아침저녁으로 무릎을 꿇고 기도한단 말이다!

에드먼드 (신랄하게): 엄마를 위해서도 기도하셨나요?

타이론: 했지. 엄마를 위해 수년 동안 하나님께 기도했다.

에드먼드: 그렇다면 니체 말이 맞았네요. (《차라투스트라는 이렇게 말했다》에서 인용한다.) "하나님은 죽었다. 인간을 향한 연민 때문에 죽은 것이다."

타이론 (무시하며): 만약 너희 엄마 또한 기도했더라면…… 신앙을 부인하지는 않았지만 그걸 잊어버렸어. 저주와 맞싸울 성령의 힘이 엄마 안에는 결국 하나도 남지 않은 거지. (그리고 그냥 체념하며) 하지만 이야기해 봐야 무슨 소용이 있어? 전에도 이걸 안고 살았고 지금 또 그래야 하는걸. 소용없어. (비통하게) 이번에 내게 희망을 품게 하지 않았더라면 좋을 것을. 맹세코, 앞으로 절대로 희망을 품지 않을 거야!

에드먼드: 그것 참 몹쓸 말이네요, 아빠! (항의하며) 저는 희망을 품

을 거예요. 지금 막 시작했잖아요. 아직 완전히 장악된 건 아니에요. 지금이라도 멈출 수 있어요. 엄마랑 이야기할 거예요.

제이미 (어깨를 으쓱하며): 지금은 이야기 못 해. 엄마가 듣기야 하겠지만 그건 듣는 게 아니야. 여기 있는 것 같지만 여기 있지 않아. 나는 엄마의 증세를 알아.

타이론: 맞아, 독이 퍼지면 엄마는 항상 그런 식으로 행동하지. 지금부터는 전처럼 매일 우리에게서 조금씩 멀어질 거고, 마침내 매일 밤······

에드먼드 (처량하게): 그만둬요, 아빠! 옷 입으러 갈게요. (가면서 통렬하게) 내가 엄마 감시하러 온 줄 생각하지 못하도록 난리를 피울 거예요. (현관을 통해 사라지면서 이 층으로 쿵쾅거리며 올라가는 소리가 들린다.)

제이미 (잠시 후): 닥터 하디가 꼬맹이에 대해 뭐래요?

타이론 (덤덤하게): 네 생각이 맞아. 폐결핵이래.

제이미: 빌어먹을!

타이론: 의심의 여지가 없대.

제이미: 요양원에 가야겠네요.

타이론: 그래, 에드먼드 자신이나 주위 사람들을 위해서라도 빠르면 빠를수록 좋다고 하더라. 닥터 하디 말로는 지시만 잘 따르면 6개월에서 1년 사이에 치료될 거라고 하는구나. (우울하고 양심에 차서) 나는 내 아이가 이렇게 될 줄 몰랐어. 우리 집안 쪽

이 원인이 아니야. 우리 집안사람들은 모두 소와 같이 강한 폐를 가졌지.

제이미: 누구 쪽 책임인지 그게 뭐가 중요해요! 하디는 어디로 보내고 싶대요?

타이론: 그 문제로 상의하러 가는 거야.

제이미: 제발 싸구려 말고 좋은 곳을 고르세요!

타이론 (찔려서): 하디가 가장 좋다고 하는 곳이면 어디나 보낼 거야!

제이미: 제발 하디에게 세금이니 저당이니 하면서 징징 짜는 소리 좀 하지 마세요.

타이론: 나는 돈을 막 써버릴 수 있는 백만장자가 아니야! 내가 왜 하디에게 사실대로 말 못 해?

제이미: 그러면 하디가 싸구려 요양원을 골라달라는 말로 받아들일 테니까요. 나중에 아버지가 맥과이어 속임에 넘어가 또 쓸모없는 땅을 산 것을 알게 되면 그는 그게 사실이 아니라는 걸 알게 될 테니까요!

타이론 (분노해서): 내 일에 상관하지 마!

제이미: 이건 에드먼드의 일이에요. 제가 두려워하는 건 아버지가 폐결핵은 죽을병이라는 무식쟁이 아일랜드 사람의 생각에 사로잡혀, 더는 어찌할 수 없는 일에 돈을 쓰는 건 낭비라고 생각하는 거예요.

타이론: 말도 안 돼!

제이미: 좋아요. 제 말이 사실이 아니라는 걸 입증해보세요. 그게 제가 바라는 바예요. 그래서 말을 꺼냈어요.

타이론 (분노가 여전히 들끓으면서): 나는 제발 에드먼드가 치료되기를 바란다. 그러니 네 더러운 혀로 아일랜드를 욕하지 마! 얼굴에 아일랜드 지도가 그려져 있으면서 아일랜드를 욕하다니!

제이미: 얼굴이야 씻으면 되죠. (자기 고향에 대한 이런 모욕에 아버지가 반응하기도 전에 어깨를 으쓱하며 담담하게 덧붙인다.) 제 의견은 다 말씀드렸으니까. 이제 아버지가 결정하세요. (다급하게) 아버지가 시내에 가신다니 저는 오늘 오후에 뭘 할까요? 울타리 손질은 아버지보다 일찍 마쳤어요. 아버지 몫을 제가 계속 자르기를 원하지는 않으시겠죠? 저는 다 알아요.

타이론: 그래. 다른 일이나 마찬가지로 다 망칠 테니까.

제이미: 그럼 에드먼드랑 시내에 가야겠네요. 엄마가 저런 상태인데다 자기까지 나쁜 소식을 들으면 충격이 클 거예요.

타이론 (싸우고 있다는 사실을 잊어버리고): 그래, 걔를 데리고 가라, 제이미. 기운을 북돋아 줘. (신랄하게 덧붙인다) 그걸 술 취할 구실로 삼지는 말고!

제이미: 돈은 어쩌고요? 최근에 들은 소식으로는 술을 공짜로 주는 게 아니라 아직도 판다고 하던데요. (앞 응접실 입구로 향한다.) 옷 입을게요.

(엄마가 홀에서 다가오는 걸 보자, 입구에서 발걸음을 멈추고 엄마가 들어오도록 옆으로 물러난다. 메리의 눈은 더 빛나고 태도는 더 초연하다. 극이 진행되면서 이런 변화는 더 두드러진다.)

메리 (멍하게): 내 안경 못 봤니, 제이미?

(그를 쳐다보지도 않는다. 제이미는 그녀의 질문을 무시하며 눈을 돌리지만, 메리도 대답을 기대하는 것 같지 않다. 남편을 보지도 않고 그에게 말을 걸면서 앞으로 나온다.)

여보, 당신도 못 봤지?

(그녀 뒤에서 제이미는 앞 응접실을 통해 사라진다.)

타이론 (몸을 돌려 방충망 문을 내다본다.): 못 봤어, 메리.
메리: 제이미가 왜 저래요? 당신이 또 잔소리했어요? 항상 경멸하듯이 대하면 안 돼요. 걔 잘못이 아니에요. 그 애가 제대로 된 가정에서 자랐다면 분명히 달라졌을 거예요. (오른쪽 창문으로 가며, 가볍게) 당신은 날씨를 제대로 못 맞히는군요. 안개가 점점 더 짙어지고 있어요. 반대편 해안이 잘 보이지 않잖아요.
타이론 (자연스러운 말투를 취하려고 애쓰며): 맞아, 내가 성급했어. 오

늘 밤도 안개가 자욱하게 끼겠는걸.

메리: 글쎄요. 오늘 밤은 신경이 안 쓰여요.

타이론: 그럼, 괜찮을 거야, 여보.

메리 (그에게 흘끗 눈길을 날리며, 잠시 후): 제이미가 울타리로 가는
걸 못 봤는데. 어디 갔어요?

타이론: 에드먼드랑 의사 만나러 간대. 옷 갈아입으러 올라갔어.
(그녀를 피할 구실이 생겨 좋아하며) 나도 옷을 갈아입지 않으면
클럽 미팅에 늦겠어.

(앞 응접실 입구를 향해 움직인다. 하지만 그의 아내가 재빠른 동작으
로 손을 뻗어 그의 팔을 잡는다.)

메리 (하소연하는 어조로): 아직 가지 말아요, 여보. 혼자 있기 싫어
요. (서둘러) 제 말은 당신한테 아직 시간이 많다는 뜻이에요.
아이들보다 열 배나 빨리 갈아입을 수 있다고 늘 자랑하시고
서는. (막연하게) 당신에게 이야기할 게 있어요. 뭐지? 잊어버렸
어요. 제이미가 시내에 간다니 잘 되었군요. 설마 걔한테 돈을
주지는 않았겠죠.

타이론: 안 줬어.

메리: 술 마시는 데만 돈을 쓸 테고 걔가 취하면 얼마나 입에 독설
이 넘쳐나는지 아시잖아요. 걔가 오늘 밤 한 이야기를 내가 신

경 쓴다는 건 아니에요. 하지만, 특히 당신이 술에 취하기만 하면 개가 항상 성질을 돋우어 놓잖아요. 당신은 오늘 틀림없이 술 취할 테고.

타이론 (화가 나서): 안 취할 거야. 나는 술 안 취해.

메리 (아무렇지도 않다는 듯이 놀리며): 그럼요, 억제를 잘하시죠. 항상 그렇게 해왔잖아요. 모르는 사람은 전혀 알 수 없어요. 그러나 결혼생활을 35년간 하고 나면……

타이론: 나는 평생 한 번도 공연을 펑크 낸 적이 없어. 그게 바로 증거야! (그리고 앙심을 품고) 내가 술에 취했다 해도 당신이 나를 나무랄 수는 없지. 술 마실 이유가 충분하니까.

메리: 이유라고요? 무슨 이유? 당신은 클럽에 가기만 하면 항상 과음하잖아요. 특히 맥과이어씨를 만날 때는요. 그 사람이 꼭 그렇게 만들잖아요. 제가 트집 잡는다고 생각하지 말아요. 당신 좋을 대로 하세요. 나는 상관없으니까.

타이론: 상관 안 할 거라는 거 알아. (빨리 빠져나가고 싶어서 앞 응접실로 향한다.) 옷을 입어야 해.

메리 (다시 손을 뻗어 그의 팔을 잡고 하소연하듯이): 아니, 잠깐만 기다려요, 여보. 적어도 아들 녀석 중 한 명이 내려올 때까지라도. 다들 너무 빨리 나를 두고 나갈 거잖아요.

타이론 (쓰라린 슬픔에 잠겨): 당신이 우리를 떠나는 거잖아, 메리.

메리: 제가요? 정말 말도 안 돼요, 제임스. 내가 어떻게 떠나요? 나

는 갈 데도 없어요. 내가 누구를 보러 가요? 친구도 없는데.

타이론: 당신의 자업자득이야. (말을 멈추고 어쩔 수 없이 한숨을 쉰다. 설득하듯이) 당신이 오늘 오후에 하면 정말 좋을 것이 하나 있어. 차를 타고 드라이브를 해요. 집을 한번 떠나 봐. 햇볕도 쬐고 신선한 공기도 마시고. (기분이 상해서) 자동차는 당신을 위해 산 거야. 내가 그 빌어먹을 것들을 싫어하는 거 당신도 잘 알잖아. 나는 차라리 걷거나 전차를 타는 게 좋아. (점점 짜증이 나며) 당신이 요양원에서 돌아왔을 때 당신을 위해 차를 대령해놓았지. 차가 당신에게 즐거움도 주고 기분 전환도 시켜주기를 바랐어. 전에는 매일 차를 타더니 요즘은 거의 사용하지 않아. 형편이 안 되는 데도 돈을 썼고, 당신을 태우고 다니든 아니든 먹이고 재우면서 비싼 임금을 줘야 하는 기사도 있잖아. 낭비야! 이런 식으로 낭비했다간 늙어서 가난뱅이가 될 거야! 차가 있어서 좋은 게 뭐야? 차라리 돈을 창밖으로 내다 버릴걸 그랬어.

메리 (거리를 두고 차분하게): 맞아요, 그건 돈 낭비였어요, 제임스. 중고차를 사지 말았어야 했어요. 항상 그렇듯이 이번에도 사기당한 거예요. 뭘 사더라도 당신이 중고 싸구려를 고집해서 그래요.

타이론: 가장 좋은 차종이야! 어떤 신차보다 낫다고 모두가 말해!

메리 (무시하며): 스마이드를 채용한 것도 돈 낭비예요. 정비소에서 보조나 하고 운전기사 일은 한 번도 해보지 않은 사람을. 아, 그러고 보니 그 사람 임금은 자격을 갖춘 운전기사보다는 낮지만, 자동차 정비소에 수리를 맡길 때마다 요금에서 돈을 떼먹으면 그걸 보충하고도 남겠네요. 차는 항상 뭔가 고장이 나요. 제 생각에는 스마이드가 일부러 그러는 것 같아요.

타이론: 말도 안 돼! 그가 백만장자의 기사는 아닐지 모르지만 정직하다고! 모든 사람을 의심하다니 당신도 제이미만큼 나빠!

메리: 기분 나빠 하지 말아요, 여보. 당신이 자동차를 내게 선물했을 때 기분 나쁘지 않았어요. 나에게 굴욕감을 주려는 의도는 없었다는 걸 아니까. 그게 언제나 당신이 일 처리하는 방식이라는 것도 알아요. 고맙기도 하고 감동도 받았어요. 나는 당신이 차를 구매하는 것이 얼마나 힘든지 알고, 그래서 당신 나름으로는 얼마나 나를 사랑하는지 입증이 되었어요. 더구나 차가 나한테 크게 도움이 되지 않을 거라는 걸 알면서도 차를 샀기 때문에.

타이론: 메리! (갑자기 그녀를 끌어안는다. 울먹이며) 사랑하는 메리! 제발, 나를 위해서, 아이들과 당신 자신을 위해서, 이제, 그만두면 안 돼?

메리 (잠시 찔려서 당황하며 말을 더듬는다): 나는…… 제임스! 제발! (그녀의 묘하고 고집스러운 방어기제가 즉시 돌아오며) 뭘 그만둬요? 도대체 무슨 말이에요?

(그는 상심해서 팔을 옆으로 늘어뜨린다. 그녀는 충동적으로 팔로 그를 안는다.)

제임스! 우리 지금까지 서로 사랑했잖아요! 앞으로도 항상 그럴 것이고! 그것만 기억합시다. 우리가 이해할 수 없는 걸 이해하려고 하거나, 어쩔 수 없는 일을 어떻게 하려고 애쓰지 말고. 우리가 변명하거나 설명할 수도 없는, 인생이 우리에게 저지른 것들 말이에요.

타이론 (그 말을 듣지 않은 것처럼 비장하게): 노력조차 안 하겠다는 거요?

메리 (팔을 힘없이 늘어뜨리고 돌아선다. 초연하게): 오늘 오후에 드라이브를 가라고요? 네, 그러죠. 당신이 원한다면. 여기 있는 것보다 더 외롭게 만들겠지만. 같이 드라이브하자고 부를 사람도 없고, 스마이드에게 어디로 가자고 할지도 몰라요. 잠깐 들러서 잠시나마 웃고 떠들 수 있는 친구 집이라도 있었더라면. 하지만 물론 그런 집은 없죠. 이때까지 없었고. (더 초연한 태도를 취하며) 수녀원에서는 친구가 참 많았어요. 가족들과 멋진 집에서 사는 아이들. 걔들 집에도 가고 걔들이 우리 집에도 왔어요. 하지만, 내가 배우와 결혼한 다음에는…… 당신도 그 당시에 사람들이 배우를 어떻게 생각했는지 알죠…… 많은 애들이 나를 피했어요. 그러다가 우리가 결혼한 직후 당신 정부였던 여자가 당신을 고소하는 스캔들이 있었죠. 그때 이후로 모든 옛날 친구들은 나를 동정하거나 아니면 나를 모른 척했어요. 나를 모른 척한 사람보다는 동정한 사람들이 더 미웠어요.

타이론 (죄책감에 찔려서): 제발 잊어버린 과거를 새로 들춰내지 말아요. 이제 겨우 오후가 시작하는 지금 벌써 그만큼 과거로 돌아갔다면 오늘 밤에는 어떻게 되겠소?

메리 (이제 대들 듯이 그를 노려본다): 가만 생각해보니까 나도 시내로 드라이브해야겠어요. 약국에서 사야 할 게 있어요.

타이론 (아주 경멸적으로): 몰래 숨겨둔 것과 처방을 좀 더 받아올 수 있게 차를 사용하도록 해달라는 거지! 당신이 알아서 미리미리 잘 쟁여두기를 바라오. 전에 약이 떨어져서 소리를 지르며 잠옷 바람으로 집 밖으로 달려 나가 바다에 빠지려고 했던 밤 같은 일이 일어나지 않도록!

메리 (무시하려고 하면서): 치약과 비누와 콜드크림을 사야 해요. (불쌍하게 울면서) 제임스! 그 얘기 꺼내지 말아요! 그런 식으로 나에게 굴욕감을 주지 말아요!

타이론 (부끄러워서): 미안해. 용서해요, 메리!

메리 (다시 방어적으로 거리를 두며): 상관없어요. 그런 일은 일어나지 않았어요. 당신이 꿈꾼 거겠죠.

(그는 절망적으로 그녀를 바라본다. 그녀의 목소리는 점점 멀리 표류

하는 것 같다.)

나는 에드먼드가 태어나기 전에는 너무나 건강했어요. 기억하죠, 제임스. 나는 신경쇠약이라는 것 자체를 몰랐어요. 시즌마다 당신과 여행하고, 몇 주를 하룻밤 잠자리에서, 침대칸도 없는 기차에서, 더러운 호텔의 지저분한 방에서, 형편없는 음식을 먹고, 호텔 방에서 아이들을 낳으면서도 나는 여전히 건강했어요. 하지만 에드먼드를 낳은 것이 한계였어요. 그다음부터는 병에 걸렸으니까. 그리고 무식한 싸구려 호텔 돌팔이 의사, 그 사람이 아는 건 내가 고통을 겪고 있다는 것뿐이었어요. 그에게 고통을 멈추는 건 식은 죽 먹기였죠.

타이론: 메리! 제발! 과거를 잊어요!

메리 (묘한 객관적인 거리를 두며 차분하게): 왜요? 어떻게 잊어요? 과거가 바로 현재이잖아요? 과거는 미래이기도 하죠. 우리는 모두 과거에서 벗어나려고 애쓰지만, 인생이 그걸 허락하지 않아요. (말을 이어서) 모두 제 잘못이죠. 유진이 죽고 난 다음에는 절대로 아기를 안 가지겠다고 맹세했는데. 유진이 죽은 것도 제 잘못이에요. 내가 보고 싶고 너무 외롭다는 당신의 편지를 받고 내가 순회공연을 따라나서느라 엄마에게 유진을 맡기지만 않았더라면, 아직 홍역을 앓고 있는 제이미가 아기의 방에 못 들어가게 했겠죠. (표정이 굳어지며) 나는 제이미가 일부러 그랬다고 항상 생각해왔어요. 아기를 질투했거든요. 아기를 미워했어요. (타이론이 항변하려 하자) 제이미가 불과 일곱 살이었다는 거 나도 알아요. 하지만 걔는 결코 멍청한 애가 아니에요. 홍역이 옮으면 아기가 위험하다고 경고를 해주었거든요. 알면서도 그랬어요. 그 점은 내가 도저히 용서 못 해요.

타이론 (쓰라린 슬픔으로): 이제는 유진 이야기요? 우리 죽은 아기가 평안히 쉬도록 좀 내버려 둘 수 없어요?

메리 (들은 척 만 척하며): 내 잘못이에요. 유진과 함께 있겠다고 고집을 피웠어야 하는데. 단지 당신을 사랑한다는 이유만으로 당신 말을 듣고 따라갈 것이 아니라. 무엇보다도 유진을 대신할 아기를 또 한 명 나으라는 당신 말을 듣지 말았어야 했는데. 당신은 아기를 낳으면 유진의 죽음을 잊을 거로 생각해서 그랬던 거죠. 그때쯤에 나는 경험상으로 아이가 잘 자라려면 태어날 집이 있어야 하고, 여자도 엄마 노릇을 잘하려면 집이 있어야 한다는 걸 알았어요. 에드먼드를 임신한 기간 내내 나는 두려웠어요. 뭔가 끔찍한 일이 일어날 것을 알았어요. 내가 유진을 방치했으니 아기를 또 가질 자격이 없음을 입증했고, 만약 아기를 가지면 하나님이 벌주실 거라는 걸 알았어요. 에드먼드를 낳지 말았어야 했어요.

타이론 (앞 응접실을 향해 불안한 눈길을 주며): 메리! 말조심해. 에드먼드가 들었다가는 당신이 자기를 원하지 않았다고 생각할 거야. 지금도 충분히 기분이 나쁜데……

메리 (격렬하게): 그건 말도 안 돼요! 나는 에드먼드를 원했어요! 세상 어떤 것보다! 당신은 이해 못 해요! 내 말은 그 애를 위해서한 말이에요. 그 애는 한 번도 행복한 적이 없어요. 앞으로도그럴 거예요. 건강하지도 않을 거. 신경쇠약에다가 너무 예민하게 태어났어요. 그건 내 잘못이에요. 그리고 그 애가 아프고 난 뒤부터는 계속 유진과 우리 아버지를 생각했고, 그러고나면 나는 너무 무섭고 죄책감에 쌓여…… (그러다가 자신을 자제하면서 고집스러운 부정의 어조로 말투를 금방 바꾸며) 아, 전혀그럴 이유도 없는데 무서운 일을 상상하는 건 어리석은 일이라는 거 나도 알아요. 어쨌든 감기는 누구나 걸리고 낫기도 하니까.

(타이론은 그녀를 바라보고 어쩔 수 없다는 듯이 한숨을 쉰다. 앞 응접실로 돌아서서 에드먼드가 계단을 내려오는 모습을 본다.)

타이론 (낮은 목소리로 날카롭게): 에드먼드가 내려왔어. 제발 정신좀 차려. 적어도 저 애가 갈 때까지만이라도. 그 정도는 할 수있잖아!

(억지로 다정한 아버지의 표정을 지으며 기다린다. 그녀는 신경증적

인 공포에 사로잡힌 채 겁에 질려서 기다린다. 손은 미친 듯이 정처 없이 드레스 앞부분 위를 더듬거리다가 목과 머리카락으로 간다. 그리고 에드먼드가 현관으로 다가오자 감히 마주할 생각을 못 한다. 급히 왼쪽 창문으로 가서 앞 응접실을 등지고 밖을 응시한다. 에드먼드가 들어온다. 그는 빳빳한 칼라와 타이를 갖춘 청색 기성복 양복을 입고 검은색 구두를 신었다.)

(타이론은 배우처럼 호탕하게 말한다) 와! 말쑥하게 차려입었구나. 나도 옷을 갈아입으러 가는 참이었다. (그를 지나치려고 한다.)

에드먼드 (덤덤하게): 잠깐만, 아빠. 기분 나쁜 화제는 꺼내고 싶지 않은데 차비 문제가 있네요. 저 빈털터리예요.

타이론 (자동적으로 늘 하는 훈계를 시작한다): 너는 돈의 가치를 모르면 평생 빈털터리가 될 거야…… (찔려서 자제를 하고 걱정스러운 연민의 표정으로 병색이 짙든 아들의 얼굴을 본다.) 하지만 그동안 잘 배워왔지. 아프기 전에는 열심히 일했었지. 멋지게 해왔어. 네가 자랑스럽다.

(바지 주머니에서 작은 지폐뭉치를 꺼내서 조심스럽게 한 장을 선택한다. 에드먼드는 돈을 받는다. 돈을 슬쩍 보더니 놀란 표정을 짓는다. 타이론도 습관적으로 빈정대는 반응을 보인다.)

고맙습니다, 라고 해야지. (연극 대사를 인용한다) "독사의 이빨 보다 더 아픈 것은……"

에드먼드: "감사를 모르는 자식을 두는 것이다."[03] 저도 알아요. 저에게도 기회를 주세요, 아버지. 어안이 벙벙하네요. 이건 1달러가 아니에요. 10달러예요.

타이론 (선심을 쓰고 쑥스러워서): 주머니에 넣어둬라. 시내에서 친구를 만날지도 모르는데 주머니에 아무것도 없으면 제 몫을 하면서 어울릴 수가 없지.

에드먼드: 정말이세요? 와, 감사합니다. 아빠. (잠시 진심으로 기분이 좋아 고마워한다. 그러다가 불편한 의심의 눈으로 아버지의 얼굴을 바라본다.) 그런데 왜 갑자기…… (빈정대며) 닥터 하디가 제가 죽는다는 말이라도 하셨나요? (그리고 아버지의 얼굴이 심히 상처받은 걸 본다.) 아니에요! 농담을 잘못했네요. 그냥 농담일 뿐이에요, 아빠. (충동적으로 아버지를 팔로 감싸며 애정을 가득 담아 포옹한다.) 정말 감사드려요. 정말이에요, 아빠.

타이론 (감동받아서 같이 포옹한다): 천만에.

메리 (갑자기 그들을 향해 돌아서며 겁에 질린 분노의 공황 상태가 되어): 나는 용납 못 해! (발을 구른다) 잘 들어, 에드먼드! 그런 끔찍한

---

03 셰익스피어의 《리어왕》 1막 4장에 나오는 대사.

말도 안 되는 소리를 하다니! 죽을 거란 말을 하다니! 네가 읽는 책 때문에 그래! 슬픔과 죽음의 이야기만 하는 책! 네 아빠가 그걸 금지했어야 해. 네가 썼다는 시는 그보다 훨씬 더 해! 살고 싶지 않다는 소리로 들려! 전도유망한 젊은 애가! 그런 책들을 흉내 내는 거냐! 너는 전혀 아프지 않아!

타이론: 메리! 그만해!

메리 (갑자기 초연한 어조로 바뀌며): 하지만 여보, 에드먼드가 아무것도 아닌 일에 법석을 떨면서 우울해지다니 우습지 않아요? (에드먼드에게 몸을 돌리나 눈은 피하고, 놀리듯 다정한 태도로) 걱정하지 마라, 얘야. 나는 네 마음을 다 알아. (그에게 간다) 남들이 예뻐해 주고 응석을 받아주고 지나칠 정도로 잘해주길 원하지? 아직도 아기라니까.

(팔을 그에게 두르고 안아준다. 에드먼드는 몸이 뻣뻣해지며 그걸 받아주지 않는다. 그녀의 목소리가 떨리기 시작한다.)

하지만 너무 그러지는 마라. 무서운 말은 하지 마. 그걸 진지하게 받아들이는 게 어리석다는 걸 알지만 나는 어쩔 수가 없어. 너 때문에 너무 겁이 났어.

(감정이 무너지면서 얼굴을 아들의 어깨에 대고 운다. 에드먼드는 자

신도 모르게 감동한다. 다정하나 어색하게 엄마의 어깨를 토닥인다.)

에드먼드: 울지 말아요, 엄마. (눈길이 아버지와 마주친다.)

타이론 (희망이 없는 희망을 붙잡으면서, 쉰 목소리로): 네가 하겠다고
했던 말을 네 엄마에게 물어본다면 어쩌면…… (시계를 만지작
거린다.) 이런, 시간 좀 봐! 서둘러야겠네.

(앞 응접실을 통해 서둘러 나간다. 메리가 고개를 든다. 그녀는 다시
거리를 두고 어머니로서 걱정하는 태도를 보인다. 아직 눈가에 맺힌
눈물을 잊은 듯하다.)

메리: 기분이 어떠니, 얘야? (이마를 짚어본다) 머리가 약간 따끈따
끈한데 그건 햇볕을 쏘여서일 거야. 아침보다는 훨씬 좋아 보
이는구나. (그의 손을 잡으며) 이리 와서 앉아라. 너무 오래 서 있
으면 안 돼. 힘을 아끼는 법을 배워야 해. (그를 앉히고 눈이 서로
마주치지 않도록 팔을 그의 어깨에 두른 채 의자 팔걸이에 앉는다.)

에드먼드 (간절한 호소를 내뱉으려고 하지만 가망이 없다고 느낀다): 엄
마, 잘 들어보세요……

메리 (재빨리 말을 막으며): 자, 자! 이야기하지 마. 기대서 좀 쉬렴.
(설득하며) 내 생각에는 네가 오늘 오후에는 집에서 쉬면서 내
보살핌을 받는 게 훨씬 좋을 것 같구나. 오늘처럼 더운 날씨에

더러운 낡은 전차를 타고 시내에 가는 건 진이 빠지는 일이야. 여기서 나와 함께 있는 게 훨씬 더 좋아.

에드먼드 (덤덤하게): 닥터 하디에게 진료를 보러 가야 하는 걸 잊으셨어요? (호소하고 싶은 말을 애써 다시 시작하려고 하며) 엄마, 제 말 잘 들으세요……

메리 (재빨리): 전화해서 몸이 안 좋다고 하면 돼. (흥분해서) 그 사람에게 진찰받는 건 시간과 돈 낭비야. 거짓말만 할 거야. 뭔가 심각하게 문제 되는 걸 찾은 것처럼 말할 거야. 그런 식으로 밥벌이를 하니까. (조롱기 있는 웃음을 웃는다) 늙은 바보 같으니라고! 그 사람이 의학에 대해 아는 건 엄숙한 표정을 하고 의지력에 대해 설교하는 거야!

에드먼드 (어머니의 눈을 마주치려고 하면서): 엄마! 제발 좀 들어봐요! 부탁드릴 게 있어요! 지금은 단지 시작일 뿐이에요. 지금이라도 멈출 수 있어요. 의지력이 있잖아요! 우리 다 도와드릴게요. 저는 못 할 게 없어요! 해보시겠어요, 엄마?

메리 (애원하듯이 말을 더듬으며): 알지도 못하는 일에 대해…… 이야기하지 마라!

에드먼드 (덤덤하게): 좋아요. 포기할게요. 소용없을 줄 알았어.

메리 (이제 아무것도 모르는 척하며): 어쨌거나 나는 네가 무슨 이야기를 하는 줄 모르겠구나. 하지만 네가 그러면 안 된다는 건 알아…… 내가 요양원에서 돌아온 직후 너는 아프기 시작했어.

요양원에서 의사가 집에서 신경 쓸 일 하나 없이 마음의 평화를 유지하라고 경고했는데 내가 한 거라곤 네 걱정한 것밖에 없구나. (그리고 정신이 나간 사람처럼) 하지만 이건 핑계가 안 되지! 나는 그냥 설명하려고 할 뿐이야. 그건 핑계가 안 돼! (그를 와락 끌어안고 하소연하듯이) 약속해줘. 내가 핑계를 대려고 했다고 생각하지 않겠다고.

에드먼드 (앙심을 품고): 그럼 어떻게 생각할까요?

메리 (천천히 팔을 빼고 초연하고 객관적인 태도를 다시 취하며): 맞아. 그걸 의심할 수밖에 없겠지.

에드먼드 (수치스럽지만 여전히 앙심을 품고): 뭘 바라세요?

메리: 아무것도. 네 탓이라 생각하지 않아. 네가 어떻게 나를 믿겠니? 나 자신도 나를 못 믿는데. 나는 완전 거짓말쟁이가 되었어. 옛날에는 절대로 거짓말하지 않았는데. 이제는 거짓말을 할 수밖에 없네. 특히 나한테. 하지만 네가 어떻게 이해하겠니? 나도 자신을 이해 못 하는데. 나는 전혀 이해하지 못했어. 오래전 어느 날부터 내 영혼을 내 것이라고 더 이상 부를 수 없었다는 것밖에는. (말을 멈추고 목소리를 낮춰 비밀 이야기를 이상한 어조로 말하며) 하지만 애야, 언젠가는 내가 내 영혼을 다시 찾을 거야. 언젠가 가족들이 모두 잘되고 네가 건강하고 행복하고 성공적인 모습을 내가 보게 되면, 언젠가 성모 마리아가 나를 용서하시고 내가 수녀원 시절에 가졌던 성모님에 대한 사

랑과 연민을 돌려주시고 내가 성모님께 기도를 올릴 수 있게 되면, 세상에 아무도 한순간도 나를 믿을 수 없다는 걸 성모님이 아시게 되는 날에는, 성모님이 나를 믿어주실 거고, 그러면 성모님의 도우심으로 그것이 너무나 쉬워질 거야. 나는 고뇌로 소리치는 나 자신의 소리를 들을 거야. 동시에 웃을 거야. 내가 자신에 대해 너무나 확신하기 때문에. (에드먼드가 절망에 빠져 침묵을 지킬 때 그녀가 슬프게 덧붙인다.) 물론 너는 이것도 못 믿겠지. (팔걸이에서 일어나서 그에게 등을 돌린 채 오른쪽 창문을 내다보며 아무렇지도 않게) 지금 생각해보니 너도 시내에 가는 게 낫겠다. 내가 드라이브 가기로 한 거를 잊었어. 약국에 가야 해. 너는 나하고 거기 가고 싶지 않겠지. 창피할 테니까.

에드먼드 (복받쳐서): 엄마! 제발!

메리: 너는 아마 아버지가 주신 10달러를 제이미와 나누겠지. 너희는 항상 나눠 갖지 않아? 사이좋게. 아, 나는 제이미가 자기 몫으로 뭘 할지 알아. 자기가 이해하거나 좋아하는 부류의 여자와 함께 있을 곳으로 가서 잔뜩 취하겠지. (에드먼드에게 돌아서서 겁에 질려 애원한다.) 에드먼드! 너는 술 마시지 않겠다고 약속해! 너무 위험해! 닥터 하디가 너한테……

에드먼드 (비장하게): 저는 그 사람 바보라고 생각해요. 어쨌든 오늘 밤까지는, 무슨 상관이에요?

메리 (애절하게): 에드먼드!

(제이미의 목소리가 홀에서 들린다. "꼬마야, 어서 가자." 메리의 태도가 또다시 금방 초연해진다.)

어서 가렴, 에드먼드. 형이 기다리잖아. (그녀가 앞 응접실 문간으로 간다.) 저기 아빠도 내려오시는구나.

(타이론의 목소리가 외친다. "에드먼드, 가자.")

에드먼드 (의자에서 벌떡 일어나며): 가요. (엄마 옆에 서서…… 엄마를 보지 않고) 다녀올게요, 엄마.

메리 (거리가 있는 애정으로 그에게 키스한다.): 잘 다녀와. 집에 와서 저녁 먹을 것 같으면, 늦지 마. 아버지께도 말씀드려. 브리짓 성격 알잖니.

(에드먼드는 돌아서서 서둘러 나간다. 타이론이 홀에서 "다녀오리다, 여보"라고 외치고 제이미도 "다녀올게요, 엄마"라고 한다. 그녀도 대답한다.)

잘 다녀 와.

(그들이 나가면서 현관 방충망 문이 닫히는 소리가 들린다. 그녀는 돌

아와 테이블 옆에 서서 한 손으로는 탁자를 두드리고, 다른 손은 더듬거리며 올라가 머리를 매만진다. 겁에 질려 포기한 눈으로 방을 둘러보며 혼잣말을 한다.)

여기는 너무 외로워. (그리고 얼굴이 심한 자기 경멸의 표정으로 굳어진다.) 스스로에게 또 거짓말을 하고 있어. 그들을 떨쳐버리고 싶었던 거지. 그들의 경멸과 역겨움이 견디기 힘들었던 거야. 그들이 가서 좋아. (절망적으로 웃는다) 그런데 성모 마리아님, 저는 왜 이렇게 외로워요?

막

3막

무대배경

같은 장소. 저녁 6시 반경. 거실에 어둠이 깔리고 있다. 안개가 만에서 밀려와 창밖에 흰 커튼처럼 드리워졌기 때문에 일찍 어두워진 것이다. 항구 입구 너머에 있는 등대에서는 출산하는 고래가 내는 신음처럼 일정한 간격으로 무적 소리가 들리고, 항구 자체에서도 경고 종소리가 정박한 요트에서 간헐적으로 들린다.

2막에서 점심 전 장면에 등장했던 위스키병, 잔, 얼음물 주전자가 담긴 쟁반이 테이블 위에 있다.

메리와 하녀 캐슬린이 보인다. 캐슬린은 테이블 왼쪽에 서 있다. 그녀는 위스킨 잔을 들고 있다는 사실을 잊은 것처럼 빈 잔을 들고 있다. 술기운이 올라온 듯 보인다. 멍청하고 착해 보이는 얼굴은 기분 좋아 히죽거리는 표정이다.

메리는 전보다 더 창백해졌고 눈은 비범하고 명민하게 반짝인다. 묘하게 초연한 태도는 더 심해졌다. 그녀는 자신 속으로 더 깊이 침잠하여 꿈속에서 도피처와 안식을 찾았다. 꿈속에서는 당면한 현실이 아무런 감정이 없이—심지어 심한 냉소주의로—용인되고 무시되는, 혹은 완전히 무시될 수 있는 껍데기일 뿐이다. 이따금 그녀의 태도에서 신비스럽게 쾌활하고 자유로운 젊음이 엿보인다. 마치 정신적으로 그녀가 해방되어 아무런 자의식 없이 수녀원 시절의 나이브하고, 행복하고, 재잘대던 여학생이 된 것 같다. 그녀는 시내로 드라이브하러 갈 때 입었던 드레스를 입고 있다. 그 옷은 지금처럼 부주의하고 거의 칠칠하지 못하게 입지만 않았다면, 수수하고 매우 잘 어울리는 꽤 비싼 옷이다. 머리는 더 이상 까다롭게 단장하지 않았다. 약간 헝클어지고 균형이 안 맞아 보인다. 그녀는 캐슬린이 오래된 친한 친구인 것처럼 모든 걸 털어놓으며 이야기한다. 막이 오르면 그녀는 방충 문 옆에 서서 밖을 내다보며 서 있다. 무적 소리가 들린다.

메리 (재미있다는 듯이 소녀처럼): 저 무적 소리! 정말 끔찍하지 않아, 캐슬린?

캐슬린 (평소보다 친하게 말하지만, 주인을 진심으로 좋아하기 때문에 절대로 의도적으로 건방지게 말하지는 않는다): 정말 그래요, 마님. 밴시[04]처럼요.

메리 (캐슬린의 말을 듣지 않은 것처럼 말한다. 다음 대사에서 그냥 계속 말하기 위한 구실로 캐슬린을 이용하는 듯한 느낌이 있다.): 오늘 밤은 괜찮아. 어젯밤에는 정말 미칠 것 같았는데. 걱정하며 밤을 꼬박 새우다가 더는 견딜 수 없는 지경이 되었어.

캐슬린: 빌어먹을 무적. 시내에서 돌아오는 길에 저는 혼이 쏙 나갔

---

04 켈트 신화에 나오는 요정.

다니까요. 나는 못난 원숭이 같은 스마이드가 우리를 도랑에 처박거나 나무에 들이박는 줄 알았어요. 눈앞에 있는 손이 안 보일 정도였어요. 마님이 저를 마님과 함께 뒤에 앉게 하신 게 다행이었어요. 그 원숭이 놈과 앞에 탔더라면…… 그놈은 손을 가만히 두지 못해요. 틈만 나면 제 다리를 꼬집거나 거기를 더듬…… 죄송해요, 마님. 하지만 정말이에요.

메리 (꿈꾸듯이): 내가 싫어하는 건 안개가 아니야, 캐슬린. 나는 안개를 정말 좋아해.

캐슬린: 사람들이 얼굴 피부에 좋다고 하더군요.

메리: 세상에서 나를 숨겨주고 나로부터 세상을 가려주지. 모든 게 변하고 아무것도 예전과 같아 보이지 않아. 더 이상 아무도 나를 찾거나 만질 수 없어.

캐슬린: 스마이드가 내가 보아온 다른 기사들처럼 멋지고, 잘생긴 남자였더라면 괜찮았을 거예요. 제 말은 그냥 장난으로 그런 거라면. 왜냐하면 저는 정숙한 아가씨이거든요. 하지만 스마이드 같은 쭈그러든 땅꼬마라니! 제가 분명히 말해줬어요, 내가 뭐가 모자라서 너 같은 원숭이 같은 놈을 신경 쓰겠냐고. 제가 경고했죠, 언젠가는 한방 된통 먹여줘서 일주일 동안 누워 있게 만들겠다고. 정말 그럴 거예요!

메리: 내가 싫어하는 건 무적이야. 사람을 가만히 내버려 두지 않아. 계속 상기시키고, 경고하고, 소환해. (묘한 미소를 짓는다.) 하

지만 오늘 밤은 못 할걸. 그냥 듣기 싫은 소음일 뿐이야. 아무 것도 생각나게 못 해. (놀리는 듯한 소녀다운 웃음을 웃으며) 어쩌면 타이론 씨의 코골이는 예외라고 할 수 있어. 코골이 때문에 그이를 항상 놀려먹었지. 그는 내가 기억하는 한 처음부터 코를 골았어. 특히 과음했을 때는. 하지만 어린애 같아서 그걸 인정하기 싫어하지. (웃으며 테이블로 와서) 나도 아마 가끔 코를 골 거야. 그리고 나는 그걸 인정하기 싫어. 그러니 그를 놀리면 안 되겠지? (테이블 오른쪽에 있는 흔들의자에 앉는다.)

캐슬린: 그럼요. 건강한 사람은 누구나 코를 골아요. 정신이 말짱하다는 증거래요. (그리고, 걱정스럽게) 마님, 몇 시예요? 부엌에 가봐야 할 것 같아요. 날이 궂으면 브리짓의 류머티즘이 심해져서 못 말리는 악마가 되어버려요. 나를 잡아먹으려 할 텐데. (잔을 테이블 위에 놓고 뒷응접실로 가려고 한다.)

메리 (갑자기 겁이 질려): 아냐, 가지 마, 캐슬린. 혼자 있고 싶지 않아. 아직은.

캐슬린: 조금만 기다리세요. 주인님과 아드님들이 곧 집에 오실 건데요.

메리: 저녁 식사에 안 올 것 같아. 자기들이 편안하게 느끼는 술집에 계속 있을 핑계가 생겼잖아.

(캐슬린이 모르겠다는 표정으로 그녀를 본다. 메리는 웃으면서 계속

말한다.)

    브리짓은 걱정하지 마. 내가 붙잡고 있었다고 말할게. 그리고
갈 때 큰 잔에다 위스키 가득 부어서 가져가면 돼. 그러면 괜찮
을 거야.

캐슬린 (웃으며 다시 편안해져서): 그럼요. 술만 있으면 기분이 좋아
    져요. 술을 정말 좋아하거든요.

메리: 원한다면 너도 한 잔 더해, 캐슬린.

캐슬린: 그래도 되는지 모르겠어요, 마님. 벌써 술기운이 올라오거
    든요. (병을 잡으려고 손을 뻗으며) 한 잔 더 한다고 어떻게 되지
    는 않겠죠. (술을 따른다) 마님을 위해 건배. (입가심할 물 따위는
    신경 쓰지 않고 그냥 마셔버린다.)

메리 (꿈꾸듯이): 캐슬린, 나도 전에는 무척 건강했단다. 하지만 그
    건 오래전이야.

캐슬린 (다시 걱정되어): 술이 없어진 걸 주인님이 아실 거예요. 그
    건 귀신같이 아시거든요.

메리 (재미있다는 듯이): 제이미의 속임수를 쓰자꾸나. 물 몇 잔을 재
    서 술병에 따라.

캐슬린 (킥킥대며 그렇게 한다): 아이고, 물이 반이네. 마셔보면 아실
    텐데.

메리 (무관심하게): 집에 올 때쯤에는 너무 취해서 알아차리지 못할

거야. 슬픔을 술로 달랠 좋은 핑계가 생겼거든.

캐슬린 (철학적으로): 그건 진짜 사나이의 약점이죠. 저는 술을 한 방울도 못 마시는 사람보다는 술꾼이 좋아요. 그 사람들은 기백이 없어요. (그러다가, 어리둥절해서) 좋은 핑계라고요? 에드먼드 도련님 말씀하시는 거예요, 마님? 주인님이 엄청 걱정하는 게 보여요.

메리 (방어적으로 몸이 굳어진다. 그러나 이상하게도 그 반응에는 진정한 감정까지 도달하지 않은 기계적인 면이 있다.): 바보 같은 소리 하지 마라, 캐슬린. 왜 걱정하겠니? 약간의 감기 기운은 아무것도 아니야. 그리고 타이론 씨는 돈과 재산 그리고 가난으로 인생이 끝날까 봐 무서워하는 걸 빼고는 어느 것도 걱정하지 않아. 심각한 걱정 말이야. 다른 건 제대로 이해하는 게 별로 없거든. (초연한 태도로 재미있다는 듯 작은 웃음을 웃는다.) 남편은 아주 독특한 남자란다, 캐슬린.

캐슬린 (괜히 심통이 나서): 그래도 멋지고, 핸섬하고, 친절한 신사예요, 마님. 약점은 신경 쓰지 마세요.

메리: 오, 신경 안 써. 나는 그를 36년간이나 진정으로 사랑해왔어. 그걸 보면 그가 원래는 사랑스러운 사람인데 지금은 어쩔 수 없이 이런 모습을 보인다는 걸 내가 이해한다는 증거 아니겠니?

캐슬린 (뭔지 모르지만 확신하며): 맞아요, 마님. 주인님을 많이 사랑해주세요. 왜냐하면 주인님이 마님을 숭배하고 있다는 걸 바보라도 알 수 있거든요. (두 번째 마신 술의 효과를 이겨내려고 하면서 맨정신으로 대화를 이끌어가려고 노력하며) 연기 이야기를 하니까 말인데, 마님은 왜 무대에 안 서셨어요?

메리 (마음이 상해서): 내가? 도대체 어떻게 그런 말도 안 되는 생각을 하지? 나는 점잖은 집안에서 양육 받았고 중서부 최고의 수녀원 학교에서 교육을 받았어. 타이론 씨를 만나기 전에는 극장이라는 게 있다는 걸 알지도 못했다. 아주 신앙심이 깊은 아가씨였거든. 수녀가 될 생각도 했단다. 배우가 된다는 건 꿈에도 생각하지 못했어.

캐슬린 (퉁명스럽게): 마님이 수녀가 된다는 건 상상도 못 하겠어요. 마님은 교회 문 근처에도 안 가시잖아요.

메리 (무시하며): 나는 극장에서 편안함을 느낀 적이 없어. 남편이 모든 공연 투어에 나를 데려갔지만, 극단에 있는 사람이나 무대에 오르는 사람 누구와도 상관하지 않았어. 그 사람들에게 억하심정이 있는 건 아니야. 그 사람들은 나한테 친절했고 나도 그 사람들에게 그랬어. 하지만 그 사람들과는 절대 편하지 않았어. 그 사람들 삶이 내 삶은 아니니까. 나와 그 사람들 사이에는 언제나…… (일어나서 갑작스럽게) 하지만 어쩔 수 없었던 지나간 일들을 이야기하지 말자. (현관문으로 가서 밖을 내다본다.) 안개가 정말 짙게 끼었네. 길도 안 보여. 온 세상 사람이다 지나가도 나는 모를 거야. 항상 이랬으면 좋겠어. 벌써 어두워지네. 저런, 곧 밤이 되겠어. (돌아서서 막연하게) 오늘 오후에 나와 함께 해주어서 고마워, 캐슬린. 혼자 시내에 갔으면 외로웠을 거야.

캐슬린: 저라고 여기서 브리짓이 친척에 대해 거짓말하는 걸 듣는 게 좋았겠어요? 그것보다는 좋은 자동차를 타고 드라이브하는 게 훨씬 좋지. 꼭 휴가 같았어요, 마님. (멈춘 후 멍청하게) 마음에 안 드는 게 딱 하나 있었어요.

메리 (막연하게): 그게 뭔데, 캐슬린?

캐슬린: 제가 마님의 처방전을 가져갔을 때 약국 남자가 했던 행동 말이에요. (화가 나서) 건방진 놈 같으니라고!

메리 (고집스럽게 모른다는 표정을 지으며): 도대체 무슨 소리야? 어떤 약국? 무슨 처방? (그러다가 캐슬린이 멍청하게 놀란 표정으로 쳐다보자, 황급히) 아, 그거, 내가 깜박했네. 내 손의 류머티즘 치료 약 말이지. 그 남자가 뭐라고 했는데? (무관심하게) 처방전대로 약을 줬으면 아무런 문제가 없는데.

캐슬린: 저에게는 문제가 되었어요! 저는 도둑 취급받는 데 익숙하지 않거든요. 그 사람이 저를 한참 노려보더니 모욕적으로 말했어요. "이거 어디서 났죠?" 그래서 제가 "당신이 상관할 바 아니에요. 그리고 꼭 알아야만 한다면, 밖에서 자동차에 타고 계신 우리 마님 타이론 부인 거예요." 그랬더니 딱 말을 멈추더

라고요. 바깥으로 마님을 내다보더니 "오"라고 말하며 약 지으러 갔어요.

메리 (막연하게): 응. 그 사람은 나를 알아. (테이블 오른쪽에 있는 안락의자에 앉는다. 그리고 차분하고 초연한 목소리로 덧붙인다.) 그건 특별한 종류의 약이야. 그거 말고는 이 고통, 내 말은 내 손의, 모든 고통을 멈추게 할 수 있는 게 없어서 그걸 복용해야 해. (손을 들고 처량한 동정심으로 바라본다. 지금은 떨림이 없다.) 불쌍한 손! 믿지 못하겠지만 한때 내 손이 나의 머리칼과 눈과 함께 내장점 중의 하나였지. 그리고 나는 몸매도 훌륭했어. (어조가 점점 아늑하고 꿈꾸는 듯한 어조로 바뀐다.) 연주자의 손이었지. 피아노 치는 걸 좋아했어. 수녀원에서는 음악 작업에 너무나 열심히 노력했어. 좋아하는 걸 할 때는 그걸 작업이라고 부를 수 있지. 엘리자베스 원장 수녀님과 음악 선생님 모두가 그때까지 거쳐 갔던 어떤 학생보다 내게 재능이 있다고 말씀하셨어. 아버지가 특별 레슨비도 내셨어. 아버지는 나를 너무 사랑하셔서 내가 원하는 건 무엇이든지 들어주셨으니까. 수녀원 학교를 졸업하고 유럽으로 유학도 보내셨을 거야. 갈 수도 있었어. 타이론 씨와 사랑에 빠지지만 않았다면. 아니면 수녀가 될 수도 있었지. 꿈이 두 가지였으니까. 하나는 수녀가 되는 것이었는데 그게 더 아름다웠어. 또 하나는 피아노 연주자가 되는 것이었어.

(손을 똑바로 바라보면서 말을 멈춘다. 캐슬린은 졸음과 술기운을 쫓아내기 위해 눈을 깜박인다.)

피아노를 친지가 너무 오래되었어. 손이 망가졌으니 치고 싶다고 칠 수도 없었어. 결혼하고 나서 한동안 계속 음악을 하려고 했어. 그런데 아무 가망이 없었지. 이곳저곳 계속 공연하러 다니고, 싸구려 호텔에다가 더러운 기차, 아이들은 팽개치고, 집도 없고…… (홀린 듯 역겨운 감정으로 손을 쳐다본다.) 캐슬린, 이것 좀 봐, 얼마나 못생겼는지! 망가지고 불구가 되었어! 사람들이 보면 끔찍한 사고를 당했다고 생각할 거야! (이상한 웃음소리를 낸다.) 그러고 보니 그것도 맞는 말이군. (갑자기 손을 등 뒤로 감춘다.) 안 볼 거야. 무적 소리보다 더 옛날을 생각나게 해…… (그러다가 대들 듯이 자신감을 내세우며) 하지만 손도 이제 나를 어쩌지 못해. (등 뒤에서 손을 앞으로 가져와 일부러 쳐다본다. 차분하게) 아주 멀리 있어. 보이기는 하는데 이제 고통은 사라졌어.

캐슬린 (바보처럼 어리둥절하여): 그 약을 드셨어요? 약 때문에 행동이 약간 이상하세요, 마님. 모르는 사람이 보면 한잔하신 줄 알겠어요.

메리 (꿈꾸듯이): 약은 고통을 멈춰주지. 고통이 미치지 못하는 곳으로 나를 데려다줘. 행복했던 과거만이 진짜야. (말을 멈춘다. 자신의 말이 행복을 불러오는 주문이라도 되는 양 전체적인 태도와 얼굴 표정이 바뀐다. 더 젊게 보인다. 순진한 수녀원 학교 학생의 분위기가 살아나며 수줍게 미소를 짓는다.) 캐슬린, 지금 타이론 씨가 멋있게 보인다면 내가 처음 만났을 때의 그 사람을 봤어야 해. 전국에서 가장 잘생긴 남자라는 명성이 있었지. 그의 연기를 보거나 사진을 본 수녀원 여학생들은 그 사람 때문에 열광했지. 그 사람은 그 당시 미남 배우였어. 단지 그 사람이 나오는 걸 보기 위해서 여자들이 무대 문에서 기다리곤 했어. 우리 아버지가 제임스 타이론 씨와 친구가 되었으며, 내가 부활절 휴가 때 집에 오면 그 사람을 만나야 한다는 편지를 보냈을 때, 내가 얼마나 흥분했을지 상상해 봐. 편지를 모든 여자애들에게 보여줬을 때 애들이 얼마나 부러워했는지! 아버지는 그가 연기하는 것을 먼저 보게 하셨어. 그건 프랑스 혁명을 다룬 극이었고 주역은 귀족이었어. 그 사람에게서 눈을 못 떼겠더라고. 그가 감옥에 들어갔을 때는 울었어. 그리고 눈과 코가 빨개질까 봐 겁이 나서 나 자신에게 너무 화가 났어. 아버지는 극이 끝나자마자 무대 뒤에 있는 그의 분장실로 갈 거라고 하시더니 정말 그렇게 하셨어. (약간 흥분된 수줍은 웃음소리를 내며) 나는 너무 부끄러워 바보처럼 말을 더듬고 뺨을 붉혔지. 하지만 그 사람은 나를 바보라고 생각하지 않았어. 서로 소개받는 순간 그가 나를 좋아한다는 걸 알았지. (요염하게) 내 눈과 코는 빨개지지 않은 것 같아. 당시 나는 무척 예뻤거든. 너무나 어울리는 분장과 귀족의 의상을 입은 그는 내가 꿈꾸던 것보다 훨씬 핸섬했어. 그는 다른 보통 남자들과 너무 달랐어. 딴 세상에서 온 사람처럼. 동시에 그 사람은 순박하고, 친절하고, 잘난 척하지 않고, 전혀 거만하거나 허영에 빠지지 않았어. 나는 그때 바로 사랑에 빠졌지. 나중에 그 사람이 말해줬는데 자기도 그랬대. 나는 수녀나 피아노 연주가가 되는 꿈은 깡그리 잊어버렸어. 내가 원하는 건 그의 아내가 되는 것뿐이었어. (말을 멈추고, 특별히 밝고 몽환적인 눈빛으로 황홀에 빠진 부드러운 소녀다운 미소를 지으며 정면을 쳐다본다.) 36년 전이었지. 하지만 오늘 밤인 것처럼 분명히 볼 수 있어! 그 후 우리는 서로를 사랑해왔어. 36년이라는 긴 세월 동안 그 사람은 스캔들 하나 없었어. 다른 여자들하고 말이야. 나를 만나고 나서는. 그 점 때문에 나는 너무 행복해, 캐슬린. 그것 때문에 다른 많은 것들은 용서가 돼.

캐슬린 (숙취로 인한 졸음과 싸우며 감상적으로): 그분은 훌륭한 신사이시고 마님은 운이 좋은 분이시네요. (그러다 안절부절못하며) 술을 브리짓에게 갖다줘도 될까요, 마님? 저녁 시간이 다 되었고 저는 부엌에서 브리짓을 도와야겠어요. 화를 다스릴 뭔가를 갖다주지 않으면 나를 죽이겠다고 덤빌 거예요.

메리 (꿈에서 소환된 것에 약간 짜증이 나서): 그래, 가봐. 이제 넌 필요 없어.

캐슬린 (놓여난 것에 후련해하며): 감사합니다, 마님. (위스키를 큰 잔에 따르고 그걸 들고 뒷응접실로 가려고 한다.) 조금만 있으면 될 거예요. 주인님과 도련님들이……

메리 (참지 못하고): 아냐, 아냐. 안 올 거야. 내가 안 기다리겠다고 브리짓에게 말해 줘. 6시 반이 되면 바로 저녁을 차려 줘. 배가 고프지는 않지만, 그냥 식탁에 앉아서 저녁을 때워야겠어.

캐슬린: 뭘 좀 드셔야 해요, 마님. 입맛이 없어지게 하다니 참 이상한 약이에요.

메리 (다시 꿈속으로 빠져들며…… 기계적으로 반응한다.): 무슨 약? 무슨 말 하는지 모르겠네. (그녀를 물리치며) 술을 브리짓에게 갖다 줘.

캐슬린: 네, 마님.

(뒷응접실을 통해 사라진다. 메리는 주방 문이 닫히는 소리가 들릴 때까지 기다린다. 그리고 편안한 몽상 속으로 빠져들어 허공을 응시한다. 팔은 의자의 팔걸이 위에 축 처져 있고, 길고, 구부러지고, 관절이 붓고, 민감한 손가락이 달린 손은 아주 차분하게 늘어져 있다. 방 안이 어두워진다. 죽은 듯이 고요한 정적이 흐른다. 그러다가 바깥세상에서 구슬픈 무적의 울음소리가 들리고, 이어서 항구에 닻을 내린 선박들로부터 안개에 묻힌 종소리들이 일제히 들려온다. 그 소리를 들었다는 표시가 얼굴에는 나타나지 않지만, 손이 발작적으로 움직이고 손가락은 허공에서 잠시 자동적으로 논다. 그녀는 마음속에서 파리가 한 마

리 지나간 것처럼 상을 찌푸리고, 기계적으로 고개를 흔든다. 갑자기 소녀다운 면은 사라지고 그녀는 냉소적으로 슬픈 표정의 비참하게 나이 든 여인이 된다.)

메리 (신랄하게): 너도 참 감상적인 바보구나. 바보같이 로맨틱한 여학생과 미남 배우 간의 첫 만남이 뭐가 그렇게 대단하다는 거야? 그런 사람이 있다는 걸 모르고, 성모마리아께 기도드리던 수녀원 시절이 훨씬 더 행복했어. (갈망하며) 잃어버린 신앙을 찾을 수만 있다면 다시 기도할 수 있을 텐데! (잠시 말을 멈췄다가 단조롭고 공허한 어조로 성모송을 암송하기 시작한다.) "은총이 가득하신 마리아님, 찬양합니다. 주님께서 함께하시니 여인 중에 복되시도다." (빈정대며) 거짓투성이 약장이가 성모송을 외운다고 마리아님이 속으실 거라고 기대하다니! 마리아님에게는 숨기지 못해! (벌떡 일어선다. 손으로 미친 듯이 머리를 만진다.) 이 층으로 가야 해. 약이 충분하지 못했어. 끊었다가 다시 시작하면 얼마나 먹어야 하는지 정확히 알 수가 없어. (앞 응접실로 가다가…… 현관 앞길에서 목소리가 들려오자 문간에서 멈춘다. 죄책감에 찔려서) 가족들일 텐데…… (황급히 돌아와서 앉는다. 얼굴이 방어적으로 굳어진다…… 짜증이 나서) 왜 돌아오는 거야? 오고 싶지 않을 텐데. 그리고 혼자 있는 게 나도 좋은데. (갑자기 그녀의 전반적인 태도가 달라진다. 불쌍할 정도로 안심이 되며 좋아한다.)

오, 그들이 돌아와서 너무 기뻐! 그동안 너무 외로웠어!

(현관문이 닫히는 소리가 들리고 타이론이 홀에서 불안하게 부른다.)

타이론: 메리, 당신 거기 있어?

(홀의 불이 켜지고 그 빛이 앞 응접실을 통해 메리에게 떨어진다.)

메리 (얼굴이 사랑스럽게 밝아지면서 의자에서 일어선다. 열정적으로):
여보, 나 여기 있어요. 거실이에요. 기다리고 있었어요.

(타이론이 앞 응접실을 통해 들어온다. 에드먼드가 뒤따라 들어온다.
타이론은 상당히 많이 마셨지만 멍한 눈빛과 말이 약간 어눌한 것 외
에는 표가 나지 않는다. 에드먼드도 몇 잔 이상을 마셨지만, 움푹 들어
간 뺨이 불그레한 것과 눈에 열이 나며 빛나는 것 외에는 별 영향이 없
는 것 같다. 그들은 문간에 멈춰서서 그녀를 찬찬히 살펴본다. 그들이
가장 우려했던 일이 일어났음을 알게 된다. 그러나 한동안 메리는 그
들의 비판적인 시선을 눈치채지 못한다. 그녀는 남편과 아들에게 차례
차례 키스한다. 그녀의 태도는 부자연스럽게 과장되었다. 그들은 마지
못해 응한다. 그녀가 흥분해서 말한다.)

돌아와서 너무 기뻐요. 희망을 포기했었는데. 집에 안 오실 줄

알았어요. 너무나 우울하고 안개가 가득한 저녁이에요. 사람들이 대화도 나누고 농담도 할 수 있으니 시내의 술집이 훨씬 더 분위기가 좋겠죠. 아니, 부인하지 말아요. 기분 잘 아니까. 탓할 생각 전혀 없어요. 집에 와서 오히려 훨씬 고마워요. 너무나 외롭고 우울하게 여기 앉아 있었거든요. 자 와서 앉아요.

(그녀는 테이블 왼쪽 뒤에, 에드먼드는 테이블 왼쪽에, 타이론은 테이블 오른쪽 안락의자에 앉는다.)

저녁 식사는 좀 더 기다려야 해요. 사실 당신들이 약간 일찍 왔어요. 놀랄 일이 끝이 없네. 여보, 위스키 한잔해요. 내가 따라 줄까요? (대답을 듣지도 않고 따른다.) 그리고 너는, 에드먼드? 권하고 싶지는 않지만, 식사 전에 애피타이저로 마시면 괜찮을 거야. (에드먼드를 위해서 한 잔 따른다. 두 사람 모두 잔을 들 생각을 하지 않는다. 그녀는 두 사람의 침묵을 의식하지 못한 채 계속 이야기한다.) 제이미는 어디 갔지? 하기야, 걔는 술 한잔할 돈이 다 떨어질 때까지는 집에 오지 않을 거야. (손을 뻗어 남편의 손을 잡는다. 처량하게) 제이미가 우리와 너무 오랫동안 소원한 것 같아요, 여보. (얼굴이 굳어진다.) 하지만 자기 마음대로 에드먼드까지 끌고 가는 일은 막을 거예요. 에드먼드가 항상 막내 노릇을 해서, 샘이 난 거예요, 유진에게 샘을 냈듯이. 제이미는 에드먼드가 자기처럼 가망 없는 실패자가 될 때까지 멈추지 않을 거예요.

에드먼드 (처량하게): 그만해요, 엄마.

타이론 (덤덤하게): 맞아, 메리. 지금은 말을 적게 하는 게…… (그리고 에드먼드에게, 약간 취해서) 그렇더라도 엄마가 하는 경고가 하나도 틀린 게 없다. 형을 조심해. 안 그랬다가는 그 빌어먹을 빈정대는 뱀의 혀로 네 삶을 독살시켜 버릴 거야.

에드먼드 (조금 전처럼): 제발, 그만해요, 아빠.

메리 (아무 말도 안 들은 것처럼 계속한다.): 제이미의 지금 모습을 보니 내가 한때 애지중지했던 애라는 걸 믿기 힘들어요. 걔가 얼마나 건강하고 행복한 아기였는지 기억나요, 제임스? 순회공연과 더러운 기차와 싸구려 호텔과 형편없는 음식에도 그 아이는 까다롭게 굴지도 아프지도 않았어요. 항상 미소 짓거나 웃고 있었죠. 좀처럼 울지도 않았어요. 유진도 마찬가지로 행복하고 건강한 아이였죠. 내가 제대로 신경을 쓰지 못해 죽기 전 2년 동안은.

타이론: 오, 제발! 집에 괜히 왔어!

에드먼드: 아빠! 그만해요!

메리 (에드먼드에게 초연하고 다정한 태도로 미소 짓는다): 어릴 때 까다로웠던 사람은 에드먼드였지. 항상 화내고 아무것도 아닌 일에 겁먹고. (그의 손을 토닥이며, 놀리듯이) 애야, 사람들이 너는 모자만 떨어져도 운다고 말했지.

에드먼드 (비통함을 참을 수 없어서): 웃지 않을 이유가 있었나 보죠.

타이론 (나무라면서 동시에 불쌍해하며): 자, 자, 얘야. 신경 쓰지 마라……

메리 (이런 소리가 안 들리는 것처럼, 다시 슬프게): 제이미가 자라서 우리의 수치가 될 줄 누가 알았겠어요. 기억나요, 여보, 기숙학교에 가고 나서 몇 년 동안은 너무 훌륭한 성적표를 받았잖아요. 모든 사람이 걔를 좋아했어요. 걔 머리가 얼마나 좋은지, 교과를 얼마나 쉽게 배우는지 선생님들이라면 모두 말했어요. 술을 마셔서 퇴학당할 수밖에 없었을 때도 선생님들은 편지를 보내서 얼마나 유감스러운지, 제이미가 얼마나 매력 있고 똑똑한 학생인지 말해줬어요. 인생을 좀 더 진지하게 사는 법만 배운다면 놀라운 미래가 펼쳐져 있을 거라고 예견했죠. (휴지, 그리고 묘하고 슬픈 초연함으로 덧붙인다.) 참 안된 일이야! 불쌍한 제이미! 정말 이해하기 힘들어…… (갑자기 그녀에게 변화가 닥친다. 얼굴이 굳어지며 비난하듯이 적대감을 가지고 남편을 바라본다.) 아냐, 그건 절대 아냐. 당신이 술주정뱅이로 키웠어. 눈을 뜨자마자부터 아빠가 술 마시는 걸 보아왔지. 싸구려 호텔 방의 옷장에는 항상 술병이 있었어. 어릴 때 악몽을 꾸거나 배탈이 나면 진정시키기 위해 위스키 한 스푼 주는 게 당신의 치료법이었지.

타이론 (찔려서): 그놈이 술주정뱅이 건달이 된 게 나 때문이라고? 집에 와서 고작 듣는 이야기가 바로 이거야? 그럴 줄 알았어! 당신은 속에 독이 들어가면 자기 빼고는 모든 사람을 욕하지.

에드먼드: 아빠! 저보고 신경 쓰지 말라고 하시고선. (그리고 앙심을 품고) 어쨌든 맞는 말이잖아요. 저한테도 그러셨죠. 악몽을 꾸다 깨어나면 항상 술 한 스푼 마시던 거 기억나요.

메리 (초연하게 회상하는 어조로): 그래, 너는 어릴 때 항상 악몽을 꾸었지. 태어날 때부터 겁이 많았어. 너를 낳는 걸 내가 무서워했기 때문이야. (쉬었다가 똑같이 초연한 태도로 말을 잇는다.) 내가 네 아버지 원망한다고 생각하지는 마라, 에드먼드. 아버지는 뭘 모르셨던 거야. 열 살 이후로는 학교 가본 적이 없으니까. 아버지 가족은 가난에 찌든 아일랜드 사람들 중에서도 가장 무식한 부류였으니까. 그 사람들은 아프거나 놀란 아이들에게는 위스키가 가장 좋은 약이라고 진심으로 믿었을 거야.

(타이론이 화가 나서 가족을 변명하려는 말을 하려고 하지만 에드먼드가 가로막는다.)

에드먼드 (날카롭게): 아빠! (화제를 바꾸며) 우리 이 술 마실 거예요, 말 거예요?

타이론 (자제하며, 덤덤하게): 네 말이 맞다. 신경 쓴 내가 잘못이지.

(잔을 힘없이 든다) 기분 좋게 마시자, 아들.

(에드먼드는 마시지만 타이론은 손에 든 잔을 계속 쳐다본다. 에드먼드는 위스키에 물이 얼마나 들어갔는지 즉시 알아챈다. 병을 보다가 엄마에게 눈길을 돌리며 상을 찌푸린다. 뭔가 말하려다가 멈춘다.)

메리 (바뀐 말투로 뉘우치듯이): 내 말이 너무 심했으면 미안해요, 제임스. 그런 뜻이 아니었어요. 너무나 옛날 일이에요. 하지만 당신이 집에 오지 말 걸 하고 말했을 때 기분이 약간 나빴어요. 당신들이 돌아왔을 때 나는 너무나 안심이 되고 행복하고, 당신이 고마웠어요. 밤이 깊을 때 안개 속에서 혼자 있는 건 너무나 처량하고 슬퍼요.

타이론 (감동을 받아): 당신이 원래 모습으로 돌아가니 나도 잘 왔다는 생각이 들어, 메리.

메리: 너무 외로워 말할 상대가 필요해서 캐슬린보고 내 옆에 있으라고 했어요. (그녀의 태도와 성격이 다시 수줍은 수녀원 학교 학생 시절로 되돌아간다.) 내가 캐슬린에게 무슨 말을 했는지 알아요, 여보? 아버지가 나를 당신 분장실로 데려갔는데 그 자리에서 내가 당신과 사랑에 빠졌던, 그날 밤에 대해 말했어요. 기억나요?

타이론 (깊은 감동을 받아 목이 메인다.): 내가 그걸 어떻게 잊겠소, 메리?

(에드먼드는 슬프고 겸연쩍어서 눈을 돌린다.)

메리 (다정하게): 아니에요. 모든 일에도 불구하고 당신이 여전히
    나를 사랑한다는 거 알아요.
타이론 (얼굴을 씰룩이며 눈물을 삼킨다. 열정적으로): 그럼! 하나님이
    내 증인이야! 언제나 영원히, 메리!
메리: 저도 모든 일에도 불구하고 당신을 사랑해요.

(휴지가 있고 그동안 에드먼드는 민망해서 움직인다. 멀리서 본 사람
들에 대해 아무 감정 없이 이야기하듯이 그녀의 태도에 다시 묘한 초
연함이 스며든다.)

하지만 이 말만은 해야겠어요, 제임스. 내가 당신을 사랑할 수
밖에 없긴 하지만 당신이 그렇게 술을 많이 마시는 걸 알았다
면 결혼하지 않았을 거예요. 난 처음으로 당신의 술친구들이
호텔 방문까지 당신을 부축해서 문을 두드리고 내가 문을 열
기도 전에 도망갔던 밤을 기억해요. 우린 아직 신혼이었는데.
기억나요?
타이론 (죄책감에 거세게): 기억 안 나! 신혼이 아니었어! 나는 평생
    누가 부축해서 침대로 가거나, 공연을 펑크 낸 적이 없었어!
메리 (그의 말에 아랑곳하지 않고): 나는 몇 시간이고 그 추한 호텔 방

에서 기다렸어요. 온갖 이유들을 상상하면서. 아마 극장과 관계된 일 때문일 거야. 나는 극장에 대해 아는 게 너무 없었으니까. 그러다가 나는 공포에 질렸지요. 온갖 끔찍한 사고들이 상상되면서. 당신에게 아무 일도 일어나지 않기를 무릎을 꿇고 기도했어요. 그때 사람들이 당신을 데리고 와서 문밖에 두고 갔어요. (슬픈 한숨을 내쉰다.) 그런 일이 그 후 몇 년 동안 얼마나 자주 반복될지, 그 더러운 호텔 방에서 내가 얼마나 많이 기다려야 하는지 그때는 몰랐어요. 지금은 꽤 익숙해졌지요.

에드먼드 (아버지를 비난하는 표정을 보이며 폭발한다.): 맙소사! 그랬으니……! (자제한다, 퉁명스럽게) 엄마, 저녁 언제 먹어요? 저녁 때가 되었을 텐데.

타이론 (엄청난 수치심을 억지로 감추려 하며 시계를 만지작거린다.): 그래. 때가 되었지. 어디 보자. (시계를 보는 척한다. 하소연하며) 여보! 이제 제발 잊을 수 없어?

메리 (초연한 연민의 표정으로): 아뇨. 하지만 용서는 해드리죠. 언제나 당신을 용서해요. 그러니 죄지은 표정 하지 말아요. 과거 일을 소리 내어 기억해서 미안해요. 나 자신이나 당신을 슬프게 만들고 싶지 않아요. 행복한 과거만 기억하고 싶어요. (그녀의 태도가 수줍은 수녀원 학생 시절로 다시 돌아간다.) 우리 결혼식 기억나요, 여보? 당신은 내 웨딩드레스가 어떤 모양이었는지 완전히 잊어버렸을 거예요. 남자들은 그런 거 신경 안 쓰니까. 중요하지 않다고 생각하죠. 하지만 나한테는 중요했다고요! 내가 얼마나 안달하면서 걱정했는지! 너무나 흥분되고 행복했어요! 아버지는 돈은 신경 쓰지 말고 사고 싶은 거 다 사라고 했어요. 가장 좋은 걸 사도 아깝지 않다고. 아버지는 저를 너무나 응석받이로 만들었어요. 엄마는 그러지 않았어요. 엄마는 내가 결혼하는 걸 용인하지 않았어요. 더구나 배우라니. 엄마는 내가 수녀가 되기를 바라셨던 것 같아요. 아버지에게 투덜대곤 했죠. 엄마는 "당신은 내가 뭘 살 때는 돈 신경 쓰지 말라는 말 절대로 안 하셨죠. 당신이 저 아이를 너무 버릇없게 만들었어요. 저 애가 결혼한다면 남편이 불쌍해요. 신랑한테 달을 따달라고 할 거예요. 결코 좋은 아내가 되지 못할 거예요"라고 불평했어요. (애정이 넘치는 웃음을 웃는다.) 불쌍한 엄마! (이상하고 어울리지 않는 요염함으로 타이론에게 미소 짓는다.) 하지만 엄마가 잘못 생각한 거죠, 제임스? 제가 그렇게 형편없는 아내는 아니었잖아요?

타이론 (억지로 미소 지으며 허스키한 목소리로): 나는 불만 없소, 메리.

메리 (왠지 모를 죄책감의 그림자가 얼굴에 스친다.): 적어도 당신을 너무나 사랑하고 최선을 다했어요, 그 상황에서는. (그림자가 사라지고 수줍고 소녀 같은 표정이 돌아온다.) 웨딩드레스 때문에 저와 재단사가 죽을 고생을 했어요. 제가 너무 까다로웠거든요. 도저히 마음에 안 드는 거예요. 마침내 재단사는 더 이상 손댔다 가는 옷을 망치겠다고 했고 나는 나 혼자 거울 앞에서 볼 수 있게 나가 있으라고 했어요. 나는 너무 기분이 좋고 우쭐한 느낌이었어요. 속으로 "네 코와 입과 귀가 약간 크긴 하지만 눈과 머리칼과 몸매, 그리고 손이 그걸 보완하고 있잖아. 그가 만난 어떤 여배우보다도 예뻐. 분장을 안 했는데도." (잠시 말을 멈추고, 애써 기억을 떠올리려고 이마를 약간 찌푸린다.) 내 웨딩드레스가 어디 있을까? 얇은 종이에 싸서 트렁크에 넣어놓았는데. 내희망은 딸이 태어나서 그 애가 결혼할 때가 되면…… 이보다더 좋은 드레스는 살 수 없을 거야. 제임스, 당신은 비용은 신경 쓰지 말라는 말을 절대 하지 않을 거예요. 세일하는 걸 사라고 하겠죠. 드레스는 부드럽고 하늘거리는 사틴 천으로 만들어졌고, 목과 소매에는 멋진 더체스 레이스로 주름 장식을 달았죠. 뒤에는 치마 뒤가 볼록하게 보이도록 둥글게 주름을 잡았어요. 윗도리에는 심을 넣어서 꼭 끼게 만들었어요. 허리는 가능한 한 가늘게 보이도록 옷을 맞춰 입을 때 숨을 참았던 기억이 나요. 아버지는 흰 사틴 슬리퍼에도 더체스 레이스를 달도록 했고 면사포에는 오렌지꽃을 수놓은 레이스를 달게 해주셨어요. 내가 그 가운을 얼마나 좋아했던지! 너무 아름다웠어요. 그런데 지금 그게 어디에 있지? 외로울 때면 가끔 꺼내 보곤했는데. 하지만 볼 때마다 눈물이 났어요. 그래서 마침내 오래

전에…… (다시 이마를 찌푸린다.) 어디다 숨겨뒀더라? 아마 다락에 있는 낡은 트렁크들 속에 있을 거야. 어느 날 한번 찾아봐야지.

(말을 멈추고 앞쪽을 쳐다본다. 타이론은 절망적으로 고개를 흔들며 한숨을 쉬고, 동정을 구하며 아들의 눈과 마주치려 하지만 에드먼드는 마룻바닥을 쳐다본다.)

타이론 (억지로 아무렇지도 않은 어조를 취하며): 저녁 먹을 때가 되었지, 여보? (억지로 놀리려고 애쓰며) 당신은 내가 늦는다고 항상 나를 나무라지만 처음으로 내가 제때 왔고, 저녁이 늦었구려. (그녀에게는 이 말이 들리지 않는 것 같다. 그는 여전히 기분 좋은 어조로 말한다) 아직 저녁이 준비되지 않았으면, 술을 먼저 마셔야겠군. 술이 있었다는 걸 잊었어.

(술을 마신다. 에드먼드가 그를 지켜본다. 타이론은 상을 찌푸리며 의심의 눈초리로 아내를 본다. 거칠게)

누가 내 위스키에 물을 탔지? 절반이 물이야! 제이미는 외출 중이고 이런 식으로 표가 나게 장난을 치지는 않아. 이건 어떤 바보라도 눈치챌…… 메리, 대답해 봐요! (화가 나 역겹다는 표정으로) 설마 그것도 모자라 술까지 마시게 된 것은 아니길 바라 오.

에드먼드: 닥쳐요, 아빠! (엄마를 보지 않고 엄마에게) 캐슬린과 브리 짓에게 술을 준 거죠?

메리 (상관없다는 말투로): 물론이다. 걔들은 값싼 임금을 받고 일하 지 않니. 내가 안주인이니 걔들이 떠나지 않도록 붙잡아둬야 지. 게다가 캐슬린이 나랑 같이 시내에 가서 처방 약까지 받아 왔기 때문에 상을 주고 싶었어.

에드먼드: 제발, 엄마! 걔는 믿을 수 없어요! 엄마는 온 세상 사람들 이 알기를 원해요?

메리 (얼굴이 고집스럽게 굳어지며): 뭘 안다는 거냐? 손에 류머티즘 을 앓고 있어서 고통을 죽이기 위해 진통제를 복용해야 하는 것? 그걸 왜 내가 수치스럽게 생각해야 해? (강하고 비난하는 적 대감으로 에드먼드에게 몸을 돌려 복수하듯이 적의를 품고) 네가 태 어나기 전에 난 류머티즘이라는 걸 알지도 못했어! 네 아버지 에게 물어봐라!

(에드먼드는 움츠리면서 눈을 돌린다)

타이론: 엄마 말 신경 쓰지 마라. 아무것도 아냐. 미친 핑계를 손에 다 대는 단계까지 가면 우리에게서 멀어진 거야.

메리 (그를 향해, 이상하게 의기양양하고 놀리는 듯한 미소를 지으며): 그걸 깨닫다니 정말 기뻐요, 제임스! 이제는 당신과 에드먼드가 나에게 상기시키는 일 따위는 하지 말아요! (갑자기, 초연하고 사무적인 어조로) 불 좀 켜지 그래요, 제임스? 어두워지고 있어요. 당신은 마음이 안 내키겠지만 등 하나 더 켠다고 그렇게 비용이 나가지는 않는다는 걸 에드먼드가 입증해주었잖아요. 가난뱅이가 될까 봐 무서워서 지나치게 인색하게 군다는 건 말도 안 돼요.

타이론 (기계적으로 반응한다): 전구 하나 더 켜면 비용이 많이 나간다고 주장한 적이 없어! 쓸데없이 여기저기 불을 켜놓으면 전기회사만 배 불리는 거야. (일어나서 독서용 등을 거칠게 켠다.) 당신에게 이치에 닿는 말을 해봐야 무슨 소용이 있겠어. (에드먼드에게) 위스키 한 병을 새로 가져올 테니 진짜 술을 한잔하자. (뒷응접실을 통해 나간다)

메리 (초연하게 즐기는 듯이): 하인들에게 들키지 않게 돌아서 바깥 지하실 문으로 몰래 가겠지. 지하실 창고에다 위스키를 넣고 자물쇠로 잠그는 걸 정말 창피해하지. 에드먼드, 네 아빠는 이상한 사람이야. 나도 몇 년이나 걸려서 아버지를 이해하게 되었어. 너도 아버지를 이해하고 용서하려고 노력해야 해. 구두쇠라고 너무 경멸하지 말고. 네 할아버지는 미국에 온 지 일 년 남짓 만에 아내와 여섯 아이를 버리고 도망갔어. 곧 죽을 것 같은 예감이 들고, 아일랜드에 대한 향수병이 걸려 고향에 가서 죽고 싶다고 말했대. 그래서 고향으로 가서 돌아가셨대. 네 할아버지도 굉장히 독특한 분이었나 봐. 네 아버지는 고작 10살 때 기계공장에서 일해야만 했어.

에드먼드 (덤덤하게 반발하며): 오, 제발, 엄마. 아빠가 그 기계공장 이야기하는 거 골백번도 더 들었어요.

메리: 맞아, 너는 그 이야기를 들어야 했지. 하지만 한 번도 이해하려고 노력한 것 같지는 않은데.

에드먼드 (이 말을 무시하며, 처량하게): 잘 들어보세요, 엄마! 아직 정신이 말짱하신데 몽땅 잊어버리셨네요. 오늘 오후에 제가 알게된 내용에 대해서는 안 물어보셨잖아요. 빌어먹을 신경도 안쓰시는 거예요?

메리 (충격 받아서): 그런 말 하지 마라! 마음 아프니까!

에드먼드: 제 병은 심각한 거래요, 엄마. 닥터 하디도 이제는 확실히 알아요.

메리 (경멸적이고 방어적인 고집으로 몸이 굳어진다.): 거짓말쟁이 돌팔이! 그가 거짓말을 꾸며낼 거라고 내가 경고했지!

에드먼드 (비참하게 풀이 죽어서): 저를 진찰하러 전문의를 불렀어요. 확실하게 진단을 내리려고.

메리 (무시하며): 하디 이야기는 하지 마라! 하디가 나를 치료한 방식에 대해 진짜 전문가인 요양원 의사가 한 말을 네가 들어봐야 해! 그런 의사는 감옥에 집어넣어야 한다고 했어! 내가 미치지 않은 게 기적이래! 한번 미쳤다고 했지. 잠옷 바람으로 뛰쳐나가 부두에서 몸을 던지려 했었다고. 그거 기억나지? 그런데도 닥터 하디가 한 말을 들으라고. 절대 안 되지!

에드먼드 (비장하게): 맞아요, 기억나요. 그런 일이 있고 난 직후 아빠와 형은 더 이상 나한테 숨기면 안 되겠다고 결정했어요. 형이 말해 주었죠. 나는 형이 거짓말하고 있다고 했어요! 얼굴에 한 방 먹이려고 했죠. 그런데 형의 말이 거짓이 아니라는 걸 알았어요. (목소리가 떨리고 눈에 눈물이 고이기 시작한다.) 제기랄, 세상이 다 싫어졌어요!

메리 (연민을 가지고): 그러지 마라. 우리 아기! 내 마음을 너무 아프게 하는구나!

에드먼드 (담담하게): 미안해요, 엄마. 엄마가 먼저 이야기를 꺼내셨잖아요. (신랄하고 고집스럽고 끈질기게) 잘 들어보세요, 엄마. 엄마가 듣고 싶든 아니든 말씀드릴게요. 전 요양원에 가야 해요.

메리 (자기에게 일어난 일이 아닌 것처럼 멍하게): 가버린다고? (격렬하게) 아냐! 나는 그렇게 못해! 닥터 하디가 나한테 의논도 없이 어떻게 그런 제안을 할 수가 있어! 네 아버지는 그 사람한테 왜 그렇게 하라고 내버려 뒀니! 무슨 권리로! 너는 내 아기야! 아버지는 제이미나 신경 쓰라고 해! (점점 흥분하고 악에 받쳐서) 너를 왜 요양원에 보내려는지 알겠다. 나한테 너를 빼앗아 가려는 거야! 항상 그러려고 했지. 내 아기들은 무조건 질투했어! 아기와 헤어지게 하려고 온갖 방법을 다 썼지. 그래서 유진이 죽은 거야. 무엇보다도 너를 질투했어. 내가 너를 가장 사랑한다는 걸 알기 때문에……

에드먼드 (비참하게): 말도 안 되는 소리 그만하세요, 엄마! 아빠에게 모든 잘못을 돌리려고 하지 마세요. 엄마는 제가 요양원에 가는 걸 왜 그렇게 반대하세요? 전에도 늘 집을 떠나 있었는데 별로 마음 상하시지 않았잖아요!

메리 (비통하게): 결국 너는 민감성이 매우 부족하구나. (슬픈 표정으로) 너도 짐작했겠지만…… 네가 내 문제에 대해 아는 걸 알게 된 이후로…… 네가 나를 볼 수 없는 곳을 갈 때마다 기뻐할 수밖에 없었단다.

에드먼드 (무너지며): 엄마! 그만요! (맹목적으로 손을 뻗어 엄마의 손을 잡는다. 그러나 다시 비통함에 사로잡혀 손을 금방 놓는다.) 저를 사랑한다는 그 모든 말들…… 그리고 내가 얼마나 아픈지 말하려고 할 때마다 듣지도 않으시고……

메리 (거리를 두고 윽박지르는 어머니의 모습으로 갑자기 변하며): 자, 자. 그만! 이 모든 게 하디의 무식한 거짓말이라는 걸 알기 때문에 더 이상 듣고 싶지 않아.

(에드먼드는 자신 속으로 침잠한다. 그녀는 억지로 놀리는 어조로 계

속 말하지만, 점점 더 원망의 감정이 밑에 깔려있다.)

너는 아버지를 꼭 빼닮았어. 극적이고 비극적인 장면을 연출하려고 아무것도 아닌 걸 가지고 호들갑을 떨지. (깔보는 듯이 웃으며) 내가 조금이라도 부추겼다가는 다음 순간 너는 네가 죽을 거라고 말하겠지.

에드먼드: 그 병으로 죽는 사람도 있어요. 외할아버지도……

메리 (날카롭게): 외할아버지 이야기는 왜 꺼내? 너하고는 전혀 비교할 거리가 없는데. 할아버지는 폐결핵이셨어. (화가 나서) 네가 청승을 떠는 거 너무 싫어! 외할아버지 돌아가신 이야기는 꺼내지 말라는 말 안 들려?

에드먼드 (얼굴이 굳어지며 음울하게): 네, 알아들었어요, 엄마. 안 들었으면 좋을걸! (의자에서 일어나 엄마를 비난하듯이 노려보며 서 있다. 신랄하게). 가끔은 너무 힘들어요, 약쟁이를 엄마로 두는 건!

(그녀가 움칠한다. 얼굴에서 생기가 다 빠져나가 얼굴이 석고상처럼 보인다. 에드먼드는 즉각 내뱉은 말을 도로 삼키기를 원한다. 비참하게 더듬는다.)

용서해 주세요, 엄마. 너무 화가 나서요. 엄마 때문에 너무나 기분이 상해서. (휴지가 있고 무적 소리와 배의 종소리만 들린다.)

메리 (로봇처럼 오른쪽 창문으로 천천히 간다. 밖을 내다보며, 목소리에 공허하고 아련한 어조를 띠며): 저 끔찍한 무적 소리 좀 들어봐. 그리고 종소리도. 안개는 왜 모든 것을 슬프고 길 잃은 것처럼 들리게 할까?

에드먼드 (무너지며): 여기 더 못 있겠어요. 저녁도 안 먹겠어요.

(앞 응접실을 통해 급히 나간다. 그녀는 그가 현관문을 닫고 나가는 소리가 들릴 때까지 창밖을 계속 내다본다. 그리고 돌아와서 마찬가지로 멍한 표정을 한 채 의자에 앉는다.)

메리 (막연하게): 이 층으로 올라가야 해. 약이 충분치 않아. (잠시 멈추었다가, 갈망하듯이) 언젠가 실수로라도 과다복용할 수 있으면 좋겠어. 일부러는 그렇게 하지 못하겠어. 그렇게 되면 성모 마리아께서 나를 절대 용서하시지 않을 거야.

(그녀는 뒷응접실을 통해 타이론이 방금 마개를 딴 위스키병을 들고 돌아오는 소리를 듣자 몸을 돌린다. 그는 화가 나서 식식대고 있다.)

타이론 (화가 나서): 자물쇠에 온통 긁힌 자국이 있어. 술주정뱅이 건달 놈이 전에 그랬던 것처럼 철사로 자물쇠를 따려고 했던 거야. (이것이 큰아들과 끝없는 두뇌 싸움인 것처럼 만족스럽게) 하지만 이번에는 이놈을 속였지. 전문적인 도둑놈도 딸 수 없는 특별 자물쇠이거든.) (병을 쟁반에 놓고 갑자기 에드먼드가 없다는 걸 깨닫는다.) 에드먼드 어디 갔어?

메리 (허공을 보듯이 멍한 표정으로): 나갔어요. 어쩌면 제이미를 찾으러 또 시내에 나갔겠죠. 아직 돈이 좀 남아있으니까 쓰고 싶어서 못 배기는 거겠죠. 저녁은 안 먹겠대요. 요즘 입맛이 통 없는 것 같아요. (그러다 고집스럽게) 하지만 그건 여름 감기일 뿐인데.

(타이론은 그녀를 보고는 어쩔 수 없다는 듯이 고개를 저으며 크게 한 잔 따라서 마신다. 그녀는 갑자기 견딜 수 없다는 듯이 울음을 터뜨린다.)

오, 제임스. 너무 두려워요! (일어나서 그를 끌어안고 그의 어깨에 얼굴을 묻는다. 울부짖으며) 그 애는 죽을 거예요!

타이론: 그런 말 하지 마! 그건 사실이 아니야! 6개월 후면 치료될 거라고 약속했어.

메리: 그 말 안 믿잖아요! 당신이 거짓으로 연기하는 거 다 알아요! 그리고 이건 내 잘못이에요. 그 애를 낳지 말았어야 했는데. 그 애 자신을 위해서 더 좋았을 텐데. 그러면 그 애에게 상처를 주

지 않았을 텐데. 그리고 자기 엄마가 약쟁이란 사실도 모를 테고 미워하지도 않았을 텐데!

타이론 (떨리는 목소리로): 그만, 메리, 제발! 그 애는 당신을 사랑해. 이것이 알지도 못한 상태에서 당신에게 덮어 씌워진 저주라는 것을 저 애도 알아. 당신이 자기 엄마라는 걸 자랑스러워해! (찬장 문이 열리는 소리가 들리자 황급히) 자, 뚝 그쳐! 캐슬린이 오고 있어. 우는 모습 보이고 싶지 않지?

(그녀는 서둘러 눈을 닦고 그에게서 돌아서 오른쪽에 있는 창문으로 간다. 잠시 후 캐슬린이 뒷응접실 문간에 등장한다. 걸음걸이가 안정되지 못하고 술에 취해 씽긋 웃는다.)

캐슬린 (타이론을 보자 찔린 듯 놀란다. 예의를 갖추며): 저녁 식사가 다 준비되었습니다, 주인님. (필요 이상으로 목소리를 높이며) 저녁 식사가 다 준비되었어요, 마님. (예의를 잊어버리고 타이론에게 타고난 붙임성으로 다정하게 말한다.) 아, 집에 오셨군요? 이런, 이런. 이러니 브리짓이 화를 내지 않겠어요? 오늘 집에 안 오실 거라는 마님의 말씀을 브리짓에게 전했는데. (그러다가 타이론의 눈에서 나무라는 낌새를 눈치채고) 저를 그런 눈으로 쳐다보지 마세요. 제가 한잔했다 해도 훔쳐 먹은 건 아니에요. 마님이 주셨다고요. (거만하게 예의를 차려 돌아선 후 뒷응접실을 통해 사라진다.)

타이론 (한숨을 쉬다가 배우다운 다정함을 소환하며): 자, 갑시다. 우리 저녁 먹어요. 배가 무척 고픈데.

메리 (그에게 다가온다. 얼굴은 석고처럼 굳어있고 말투에는 거리가 있다): 저는 식사 함께 못할 것 같아요, 제임스. 아무것도 못 먹겠어요. 손이 끔찍하게 아파요. 잠자리로 가서 쉬는 게 최선일 것 같아요. 잘 자요, 여보. (기계적으로 키스한 뒤 앞 응접실 쪽으로 돌아선다.)

타이론 (모질게): 그 빌어먹을 독약을 더 맞겠다는 거지? 이 밤이 지나가기 전에 미친 유령이 되겠지!

메리 (걸어가면서 공허하게): 당신이 무슨 이야기하는지 도무지 모르겠어요, 제임스. 당신은 술만 취하면 저렇게 못 되고 신랄한 말을 하네요. 당신은 제이미나 에드먼드만큼 나빠요.

(앞 응접실을 통해 사라진다. 그는 어떻게 해야 할지 모르는 사람처럼 잠시 서 있다. 그는 슬프고 당황스럽고, 망가진 노인의 모습을 보인다. 그는 식당을 향해 뒷응접실을 통해 지친 사람처럼 걸어간다.)

막

4막

무대배경

같은 장소. 자정 무렵. 앞 응접실에 있는 램프에 불이 꺼져서 이제 앞 응접실을 통해 비치는 빛은 없다. 거실에는 독서 등만 켜져 있다. 창밖에는 안개의 벽이 전보다 더 진하게 보인다. 막이 오르자 무적이 들리고, 이어서 항구에서 배의 종소리가 들려온다.

타이론은 테이블에 앉아 있다. 코안경을 쓰고 혼자서 카드놀이를 하고 있다. 코트를 벗고 낡은 갈색 실내복을 입고 있다. 쟁반에 있는 위스키병은 4분의 3 정도 비어 있다. 테이블 위에는 새 병이 하나 있는데 넉넉한 여분을 옆에 두고 싶어서 그가 지하실에서 가져온 것이다. 카드를 식별하려고 올빼미처럼 한 장 한 장 뚫어지게 들여다보며 목표도 확실치 않은 상태에서 카드놀이를 하는 모양으로 보아 그는 이미 술에 취했다. 눈은 이슬이 맺혀 번지르르하고 입은 헤벌어졌다. 술을 그렇게 마셨으면서도 현실에서 도피하지 않았고, 3막 마지막에 등장할 때처럼 체념에 사로잡힌 슬프고 패배한 노인의 모습이다.

막이 오르면 그가 게임을 마치고 카드를 한데 쓸어 모은다. 서툴게 섞다가 카드 두 장을 바닥에 떨어뜨린다. 어렵게 그것을 다시 집어서 섞고 있을 때 현관문에서 누가 들어오는 소리가 들린다. 코안경 너머로 현관문을 뚫어지게 쳐다본다.

타이론 (탁한 목소리로): 누구냐? 에드먼드 너냐?

(에드먼드가 퉁명스럽게 "네"하고 대답한다. 그리고 어두운 현관에서 뭔가 부딪히면서 욕하는 소리가 들린다. 잠시 후 현관의 등에 불이 들어온다. 타이론이 상을 찌푸리면서 외친다.)

불 *끄*고 들어와.

(하지만 에드먼드는 말을 듣지 않고 앞 응접실을 통해 들어온다. 지금은 그도 술에 취했지만, 아버지처럼 잘 견디면서 겉으로 표를 내지 않는다. 다만 눈이 풀리고 어깨에 힘이 들어갔을 뿐이다. 타이론은 처음에는 안심이 되는 듯이 따뜻한 환영의 인사를 건넨다.)

너 잘 왔다. 지독하게 외로웠거든. (그러다가 앙심을 품고) 이 상황에서 너 혼자 도망쳐 나를 밤새도록 혼자 여기 내버려 두다니 잘났다. (짜증이 나서) 저 불 *끄*라고 했지! 무도회를 하는 게 아니잖아. 이 밤중에 전기로 불을 대낮 같이 밝혀서 돈을 낭비할 이유가 없잖아!

에드먼드 (화가 나서): 전기로 불을 대낮 같이 밝히다니요! 전구 하나 켰을 뿐이에요! 누구나 잠을 자러 가기 전까지 현관에 불 하나 정도는 밝혀두어요. (무릎을 문지른다.) 저 빌어먹을 모자걸이에 무릎이 깨질 뻔했다고요.

타이론: 여기 불로도 현관까지 잘 보인다. 네가 술이 안 취했으면 앞이 잘 보였겠지.

에드먼드: 제가 술이 안 취했으면요? 기가 막혀서!

타이론: 젠장 나는 딴 사람이 어떻게 하든 신경 안 쓴다. 사람들이 남한테 보이려고 낭비하고 싶다면 그렇게 하라고 해!

에드먼드: 전구 하나라고요! 제발 구두쇠 노릇 좀 작작 하세요! 전구를 밤새 밝혀도 술 한 잔 값도 안 된다는 걸 숫자로 입증해드렸잖아요!

타이론: 빌어먹을 숫자는 집어치워! 증거는 내가 내야 하는 고지서에 있어!

에드먼드 (아버지 맞은편에 앉아, 경멸하는 표정으로): 그래요. 사실이 아무런 의미가 없는 거죠. 아빠가 믿고 싶은 것, 그게 유일한 진리죠! (조롱하는 투로) 예를 들자면, 셰익스피어가 아일랜드계 가톨릭교도였다는 거죠.

타이론 (고집스럽게): 그렇지. 그의 작품에 증거가 다 있어.

에드먼드: 아니죠. 작품에는 증거가 하나도 없어요. 아빠가 보기에
만 그렇죠! (놀리며) 웰링턴 공작, 그분도 또 다른 훌륭한 아일
랜드계 가톨릭교도였죠!

타이론: 훌륭하다고는 말 안 했다. 배교자이기는 했지만, 가톨릭교
도였던 건 분명해.

에드먼드: 틀렸어요. 아빠는 아일랜드 가톨릭교도만이 나폴레옹을
꺾을 수 있다고 믿고 싶은 거죠.

타이론: 너하고 논쟁하기 싫다. 현관의 불을 끄라고 했을 텐데.

에드먼드: 아빠 말씀을 듣긴 했지만, 저로서는 불은 계속 켜둘래요.

타이론: 이런 건방진 놈 같으니라고! 나를 거역하겠다는 거냐?

에드먼드: 아뇨! 미치광이 수전노가 되고 싶으면 아빠가 직접 끄세
요!

타이론 (위협적으로 화를 내며): 잘 들어! 내가 그동안 많이 참은 건
네가 가끔 하는 미친 짓들을 보고 네 머리가 온전하지 못하다
고 생각했기 때문이야. 너를 용서하고 손 하나 대지 않았어. 그
러나 참는 데도 한계가 있어. 내 말에 순종하고 불을 꺼. 안 그
러면 네가 아무리 컸어도 매를 때려서라도 버릇을 고쳐줄 거
다! (갑자기 에드먼드가 아프다는 걸 기억하고 즉시 죄책감을 느끼며
부끄러워한다.) 용서해라, 얘야. 내가 잠깐 잊었다. 그러게 왜 내
화를 돋우어.

에드먼드 (자신도 부끄러워하며): 잊어버리세요, 아빠. 저도 사과드릴

게요. 이렇게 못되게 굴 권리도 없는데. 술이 약간 취했나 봐요. 빌어먹을 불 끌게요. (일어나려고 한다.)

타이론: 아냐. 그냥 있어. 그냥 켜둬. (갑자기 일어서서 약간 술기운이 있는 상태에서 샹들리에에 있는 세 개의 전구를 켜기 시작한다. 유치하고, 신랄하게 극적인 자기 연민을 드러내며.) 다 켜놓자! 불을 밝히자고! 까짓거! 인생길을 다 가면 양로원이 있으니 빨리 가는 게 낫겠다! (불을 다 켠다.)

에드먼드 (진행되는 일을 유머 감각이 깨어나서 바라보다가 씩 웃으며 다정하게 놀린다.): 멋진 마지막 대사였어요. (웃는다) 대단하세요, 아빠.

타이론 (수줍어하며 앉는다. 처량하게 투덜댄다.): 좋다, 늙은 광대를 비웃어라! 불쌍한 늙은 배우를! 어차피 마지막 막은 양로원에서 내리게 될 테니, 그건 코미디가 아니지! (에드먼드가 여전히 씩 웃고 있을 때 화제를 바꾼다.) 자, 그것 가지고 말씨름하지 말자. 네가 그걸 부정하려고 최선을 다하고 있긴 해도 너는 머리가 좋아. 너도 달러의 가치를 알게 될 거다. 빌어먹을 건달 같은 형하고는 다르니까. 그놈이 정신 차리기는 아예 글러 먹었다. 그런데 네 형 어디 갔어?

에드먼드: 제가 어떻게 알아요?

타이론: 네가 형을 만나러 시내에 간 줄 알았다.

에드먼드: 아뇨. 난 바닷가에 갔었어요. 오늘 오후 이후에는 보지도

못했어요.

타이론: 내가 준 돈을 바보처럼 네 형과 나눴다면……

에드먼드: 당연히 나눴죠. 형도 뭐가 생기면 항상 저와 나눠요.

타이론: 그렇다면 틀림없이 창녀 집에 갔겠군.

에드먼드: 좀 그러면 어때요? 왜 안 돼요?

타이론 (경멸하는 표정으로): 그렇지, 안될 거야 없지. 그놈에게는 딱
　　맞는 장소니까. 창녀나 위스키보다 더 큰 꿈을 가졌는지 모르
　　지만, 한 번도 보여준 적이 없으니.

에드먼드: 오, 제발, 아빠! 또 그런 이야기 하실 거면 저는 일어날게
　　요. (일어나려고 한다.)

타이론 (달래듯): 알았어, 알았어. 그만하마. 나도 이런 이야기하기
　　싫어. 같이 술 한잔할래?

에드먼드: 아! 이제 말이 통하네요!

타이론 (병을 건네며, 기계적으로): 이러면 안 되는데. 너는 벌써 술을
　　충분히 마셨잖아.

에드먼드 (크게 한잔 따르며, 취한 사람처럼) 충분히 먹었으면 잔칫상
　　을 받아먹은 거나 다름없다? 그건 아닌 것 같아요. (병을 도로
　　건넨다.)

타이론: 네 몸 상태로는 무리야.

에드먼드: 제 몸 상태는 잊으세요! (잔을 든다.) 자, 한잔해요.

타이론: 쭉 마셔라.

(같이 마신다.)

해변까지 걸어갔다 왔으면 축축하고 춥겠다.

에드먼드: 오, 오다가다 술집에 들렀어요.

타이론: 긴 산책을 하기에는 좋지 않은 밤인데.

에드먼드: 저는 안개를 좋아해요. 제겐 그게 필요했어요. (목소리와 모습에 취기가 더 돈다.)

타이론: 분별력이 있다면 그런 위험을……

에드먼드: 분별력이 뭐가 필요해요! 우리는 모두 미쳤어요. 분별력 가지고 뭐하게요? (다우슨의 시를 냉소적으로 외운다.)

"그것들은 오래 가지 않으리. 울음과 웃음,
사랑과 욕망과 미움.
우리가 문을 지난 다음에는
더 이상 우리에게 남아 있지 않네.

그것들은 오래 가지 않으리. 술과 장미의 나날들.
우리의 길은 안개 같은 꿈에
잠시 나타났다가
꿈속에서 막을 내리지."

(정면을 주시하며) 저는 안개 속에 있고 싶었어요. 길을 반쯤 내려가면 집이 안 보여요. 거기 있는 것조차 모르죠. 그 길에 있는 다른 집들도 마찬가지예요. 바로 몇 발자국 앞밖에 안 보여요. 아무도 못 봤어요. 모든 것이 비현실적으로 보이고 들렸어요. 예전 같은 것이 하나도 없었어요. 그게 바로 제가 원하는 거예요. 진실이 진실이 아니고 삶이 스스로로부터 숨어 있는 다른 세계에서 혼자 있는 것. 길이 해변을 따라 달리는 항구 너머에서, 나는 땅에 있다는 느낌마저 잃어버렸어요. 안개와 바다가 서로의 일부가 된 것 같았어요. 마치 바다의 바닥에서 걷는 것 같았어요. 내가 오래전에 익사한 것처럼. 내가 안개에 속한 유령이 되고, 안개는 바다의 유령인 것처럼. 유령 속에 있는 유령이 되는 것은 정말 평화로운 느낌이었어요. (걱정과 못마땅한 표정으로 자신을 보고 있는 아버지를 보고 놀리듯 씩 웃는다.) 저를 정신 나간 사람처럼 보지 마세요. 저는 이치에 닿는 말을 하고 있는 거예요. 할 수만 있다면 인생을 있는 그대로 보고 싶은 사람이 어디 있겠어요? 인생은 고르곤 셋을 하나로 합쳐 놓은 거예요. 얼굴을 쳐다보기만 해도 돌로 변해 버리죠. 아니면 판(Pan)신이거나. 보기만 해도 죽어버리는…… 내면이…… 그리고 유령으로 계속 살아가야 하죠.

타이론 (감탄과 동시에 반발하며): 확실히 시인 기질은 있다만 너무 병적이구나! (억지로 미소를 지으며) 네 비관주의는 악마나 가져

가라고 해. 안 그래도 기분이 다운되었는데. (한숨을 쉰다) 삼류 것들을 잊어버리고 셰익스피어를 다시 기억하는 게 어때? 네가 말하고 싶은 걸 셰익스피어에서 찾을 수 있을 거다. 말할 가치가 있는 다른 모든 것들도 그렇고. (멋진 목소리로 인용한다) "우리는 꿈으로 이루어진 존재, 우리의 보잘것없는 삶도 꿈으로 마무리된다네."[05]

에드먼드 (빈정대며): 좋아요! 멋져요. 하지만 제가 하려던 말은 그게 아니에요. 우리는 거름으로 만들어진 존재. 술이나 마시고 잊어버립시다. 이런 게 제 생각이에요.

타이론 (역겨워서): 아! 그런 감상적인 소리는 너나 가져. 그 술을 주지 말았어야 했는데.

에드먼드: 확실히 취하는데요. 아빠도 그렇고요! (다정하게 놀리면서 씩 웃는다) 공연은 한 번도 펑크를 내지 않으셨지만요! (공격적으로) 취하는 게 뭐가 나빠요? 취하려고 마시는 거잖아요? 서로 속이지 말자고요, 아빠. 오늘 밤은요. 우리가 잊으려고 애쓰는 게 뭔지 알잖아요. (서둘러) 하지만 그 이야기는 하지 말죠. 지금은 소용없어요.

타이론 (담담하게): 맞아. 우리가 할 수 있는 거라곤 그냥 체념하는 거야. 또다시.

05　셰익스피어의 《템페스트》 4막 1장에 나오는 구절.

에드먼드: 아니면 왕창 취해서 잊어버리든가.

(그는 시몬즈가 번역한 보들레르의 산문시를 신랄하고, 아이러닉한 열정으로 암송한다. 그것도 아주 훌륭하게 암송한다.)

"항상 취해 있으라. 다른 건 아무것도 중요하지 않다. 그것이 유일한 문제로다. 너의 어깨를 짓누르고 너를 땅속으로 짓이겨버리는 시간의 무서운 무게를 느끼지 않고 싶으면 항상 취해 있으라. 뭐로 취할까? 술이건, 시이건, 미덕이건, 네 마음대로. 하지만 반드시 취해 있으라.

그리고 가끔, 궁전의 계단에서, 혹은 도랑의 풀포기에서, 네 방의 음울한 고독 속에서, 네가 깨어나 술기운이 반쯤 혹은 완전히 씻겨 나가거든, 바람에게, 파도에게, 별에게, 새에게, 시계에게, 혹은 날거나, 한숨 쉬거나, 흔들리거나, 노래하거나, 말하는 무엇에게나, 몇 시냐고 물어보라. 그러면 바람, 파도, 별, 새, 시계는 대답할 것이다. '술 취할 시간이야! 시간의 노예가 되어 순교하지 않으려면 술에 취하라. 항상 취하라! 술로, 시로, 미덕으로, 네 마음대로 골라서.'" (그는 아버지에게 도발적으로 씽긋 웃는다.)

타이론 (아주 유머러스하게): 내가 너라면 미덕 부분은 생략하겠어. (그리고 역겨운 듯이) 흥! 병적인 난센스야! 그 속에 진리가 한 톨만큼이라도 있다면 그건 셰익스피어에서 고귀하게 표현이 되었을 거야. (그리고 인정하듯이) 그래도 암송은 멋지게 했어.

누구의 시야?

에드먼드: 보들레르.

타이론: 들어본 적 없어.

에드먼드 (도발적으로 웃는다): 그 사람이 제이미와 브로드웨이에 대한 시도 썼어요.

타이론: 그 건달 놈! 마지막 차를 놓쳐서 시내에 발이 묶이면 좋겠다!

에드먼드 (이 말을 무시하고 계속한다): 그가 프랑스 사람이고 브로드웨이는 구경도 못 했고 제이미가 태어나기도 전에 죽었지만, 제이미도 알고 브로드웨이에 대해서도 알았어요.
(시몬즈가 번역한 보들레르의 '에필로그'를 암송한다.)

"편안한 마음으로 나는 성채의 뾰족한 꼭대기에
기어 올라가서 탑에서처럼 도시를 바라보았네.
병원, 매음굴, 감옥, 그리고 비슷한 지옥들을,

악이 꽃처럼 스멀스멀 기어 올라오는 곳.
오 사탄이여, 내 고통의 수호신이여, 그대는 알리라,
내가 그 시간에 허무한 눈물을 흘리기 위해 올라가지 않은 것을,

하지만 늙고 슬프고 신실한 호색가처럼

무서운 아름다움으로 나를 다시 젊게 해줄
거대한 창녀의 기쁨을 마시기 위해 올라갔음을.

그대가 허황된 망상에 잠겨, 일상에 짓눌려
자고 있거나, 아니면 아름다운 저녁의
금빛 레이스가 달린 베일을 쓰고 서 있거나,

나는 그대를 사랑하노라, 치욕의 도시여! 창녀들과
쫓기는 자들은 베풀만한 나름의 쾌락이 있고,
세속에 물든 무리들은 결코 이해하지 못한다.”

타이론 (짜증이 나서 역겨워하며): 병적인 쓰레기야! 네 문학적 취향
을 어디서 얻은 게냐? 오물과 절망과 비관주의! 또 다른 무신
론자이겠지. 하나님을 거부하면 희망을 거부하는 거야. 너는
그게 문제야. 무릎을 꿇고……

에드먼드 (못들은 척하며 비웃듯이): 형과 아주 비슷하죠. 형은 자신
과 위스키에 쫓겨서 뚱뚱한 창녀와—형은 뚱뚱한 창녀를 좋아
해요—브로드웨이의 호텔 방에 처박혀 다우슨의 〈시나라〉 시
를 그녀에게 읊어주었죠. (빈정대듯이, 그러나 깊은 감정을 실어서
암송한다.)

"밤새도록 내 심장 위에 그녀의 따뜻한 심장이 뛰는 걸 느꼈어,
밤새도록 그녀는 내 품에 안겨서 사랑하고 잠들었지.
돈을 주고 산 그녀의 붉은 입의 키스는 분명 달콤했어.
하지만 내가 잠에서 깨어나 회색빛 새벽을 접했을 때,
나는 쓸쓸했고 낡은 사랑에 넌더리가 났네.
나는 그대에게 충실했구나, 시나라여! 내 방식으로."

(빈정대듯이)

그리고 그 불쌍하고 뚱뚱한 창녀는 그 말을 하나도 못 알아들 었고 자기를 욕하는 줄 알았대요! 형 자신도 시나라라는 이름 의 여자를 사랑한 적도 없고, 평생 어떤 여자에게도 충실한 적 이 없죠, 자기 방식으로도! 하지만 형은 거기 누워서 자기가 우 월하다고 생각하며 "세속의 무리들은 결코 이해하지 못할" 쾌 락을 즐기죠! (웃는다) 미친 짓이야, 완전히 미쳤어!

타이론 (막연하게, 목소리가 탁해지며): 미친 짓이고 말고. 네가 무릎 을 꿇고 기도를 할 수 있다면. 하나님을 부정하면, 온전한 정신 을 부정하는 거지.

에드먼드 (무시하며): 하지만 제가 누구라고 우월감을 느끼겠어요? 저도 똑같은 짓을 해왔는데. 그리고 그건 다우슨 자신이 한 미 친 짓과는 비교가 안 되죠. 그는 압생트를 마셔버리고 숙취 상 태에서 영감을 받아 이 시를 멍청한 술집 여자에게 바쳤는데,

그를 가난한 미친 술고래로 착각한 그 여자는 그를 버리고 웨이터랑 결혼했답니다! (웃는다. 그러다 말짱한 정신으로 진정한 동정심을 보이며) 불쌍한 다우슨, 술과 결핵으로 죽었지요. (깜짝 놀라더니 잠시 비참하고 두려움에 쌓인 사람처럼 보인다. 그러다 방어적인 태도로) 화제를 바꾸는 게 낫겠군.

타이론 (탁한 목소리로): 너는 어디서 작가들에 대한 취향을 얻었냐? 너의 저 빌어먹을 장서들 말이야! (뒤에 있는 작은 책장을 가리킨다) 볼테르, 루소, 쇼펜하우어, 니체, 입센! 무신론자들, 바보들! 미친놈들! 그리고 네가 좋아하는 시인들! 지금 말한 다우슨, 보들레르, 스윈번과 오스카 와일드, 휘트먼과 포! 다들 계집질하는 놈들과 타락한 자들! 저기 (큰 책장을 가리키며) 네가 읽을 수 있는 양질의 셰익스피어 전집이 세 질이나 있는데.

에드먼드 (도발적으로): 그 사람도 술고래였다던데요.

타이론: 거짓말이야! 그가 술을 좋아했다는 건 인정해…… 좋은 남자의 약점이라고 할 수 있지…… 하지만 술 마시는 법을 알았기 때문에 병적인 생각이나 오물로 뇌를 오염시키지는 않았어. 네가 좋아하는 패거리들과 그를 비교하지 마. (다시 작은 책장을 가리킨다.) 지저분한 졸라! 약쟁이였던 단테 가브리엘 로제티! (흠칫 놀라며 쥐지은 표정을 짓는다.)

에드먼드 (방어적이 되어 담담하게): 화제를 바꾸는 게 좋겠어요. (휴지) 제가 셰익스피어를 모른다는 비난은 하지 마세요. 전에 아버지와 내기를 해서 5달러를 딴 적이 있지 않나요? 아빠가 옛날에 극단에 있을 때 셰익스피어 주인공의 대사를 1주일 만에 다 외웠다고 하시면서 저는 못 할 거라고 장담하셨죠. 그런데 제가 맥베스의 대사를 암기하고 아빠의 큐에 따라 한 글자도 틀리지 않고 완벽하게 암송했잖아요.

타이론 (인정하며): 그건 그래. 네가 그랬지. (놀리듯이 웃으며 한숨을 쉰다) 네가 그 대사들을 망쳐놓는 걸 듣는 건 끔찍한 시련이었어. 외우지 말게 하고 그냥 돈을 줄 걸 하고 후회했지. (껄껄 웃으니 에드먼드도 씩 웃는다. 이 층에서 무슨 소리가 들리자 두려움으로 깜짝 놀란다.) 들었니? 엄마가 돌아다니고 있어. 잠들었으면 했는데.

에드먼드: 신경 쓰지 마세요! 또 한잔 어때요? (손을 뻗어 병을 잡고, 한잔 따르고 다시 갖다 놓는다. 아버지가 술을 따를 때 짐짓 아무렇지 않은 척하며) 엄마가 언제 잠자리에 들었어요?

타이론: 네가 나가고 나서 바로. 저녁도 안 먹겠다고 하더구나. 너는 무엇 때문에 도망갔어?

에드먼드: 별일 아니에요. (갑자기 잔을 들며) 자, 건배.

타이론 (기계적으로): 건배.

(마신다. 타이론은 다시 이 층에서 나는 소리에 귀를 기울인다. 두려움에 휩싸여서)

계속 돌아다니고 있어. 아래층에 내려오지 않으면 좋겠다.

에드먼드 (멍청하게): 네. 지금쯤이면 엄마는 과거에 사로잡힌 유령
이 되었을 거예요. (멈춘다. 그리고 처량하게) 제가 태어나기 전
으로 돌아간……

타이론: 나한테는 안 그런 줄 알아? 나를 알기 전으로 돌아가지. 남
들이 들으면 그녀의 삶에서 유일하게 행복했던 시간은 아버지
집에서 살 때, 혹은 수녀원에서 피아노치고 기도하던 시절이
라고 생각할 거야. (비통한 표정으로 질투심에서 나온 서운함을 표
현하며) 전에도 말했지만, 엄마의 기억은 에누리해서 받아들여
야 해. 자기 집이 대단한 것처럼 기억하지만 그냥 평범했을 뿐
이야. 엄마는 자기 아버지가 훌륭하고, 관대하고, 고귀한 아일
랜드 신사였다고 생각하지. 괜찮은 분이었어, 어울리기 좋아하
고, 말 상대도 되어주는. 나도 장인을 좋아했고 장인도 나를 좋
아했지. 식료품 도매상을 하면서 사업도 번창했고, 능력 있는
분이었지. 하지만 약점도 있었어. 엄마는 나보고 술을 마신다
고 비난하지만 자기 아버지가 술 마시던 건 잊었나 봐. 마흔 살
이 될 때까지는 술을 한 방울도 입에 대지 않은 건 맞아. 하지
만 그 이후로는 보상이라도 하듯이 마셨지. 꾸준히 샴페인을
마시는 술꾼이 되었고, 그건 최악이었어. 샴페인만 마신다는
걸로 폼을 잡았지. 그래서 일찍 돌아가셨어…… 술과 결핵 때
문에…… (찔려서 아들을 보면서 말을 중단한다.)

에드먼드 (빈정대듯이): 우리는 불쾌한 화제를 피해갈 수 없는 것 같네요.

타이론 (슬픈 한숨을 짓는다): 맞아. (그리고 불쌍할 정도로 활달한 분위기를 내려고 애쓰며) 카드 게임 한판 하는 게 어때, 아들?

에드먼드: 좋죠.

타이론 (카드를 서툴게 섞으면서): 제이미가 마지막 전차를 타고 올 때까지는…… 안 그러면 좋겠지만…… 문을 닫고 잘 수가 없지…… 어쨌든 나는 엄마가 잠들기까지는 이 층에 올라가고 싶지 않아.

에드먼드: 저도요.

타이론 (서툴게 카드를 계속 섞으면서 나눠 줄 생각을 안 한다): 아까 말했지만, 엄마가 과거 이야기하는 건 에누리해서 들어야 해. 피아노를 쳤고 피아니스트가 되려는 꿈을 꿨다는 거 말이야. 그건 엄마에게 아부하는 수녀들이 세뇌를 시킨 생각이야. 엄마는 수녀들의 귀염둥이였거든. 신앙심이 좋으니까 수녀들이 사랑했지. 어쨌든 수녀들은 세상 물정 모르는 순진한 여자들이니까. 그들은 가능성을 보이는 백만 명 중 한 명도 피아니스트가 되지 못한다는 걸 몰라. 여학생치고는 피아노를 잘 쳤던 건 사실이지만, 그렇다고 당연히 피아니스트가 되었을 거라고 믿을 이유는 없는 거지.

에드먼드 (날카롭게): 카드 하실 거면 돌리세요.

타이론: 응? 그래. (거리 감각을 상실한 채로 카드를 돌린다) 어쩌면 수
　　녀가 되었을지도 모른다는 생각. 그게 최악이야. 네 엄마는 아
　　주 아름다운 여자였어. 본인도 그걸 잘 알았어. 내숭을 떨고 수
　　줍어했지만 약간 장난스럽고 애교를 잘 떠는 여자였어. 속세를
　　멀리할 사람이 아니야. 건강과 발랄한 기운과 사랑의 감정이
　　넘쳐나는 사람이었어.

에드먼드: 아빠, 제발요! 왜 카드를 안 집으세요?

타이론 (카드를 집으며 덤덤하게): 자, 무슨 패가 있는지 보자.

　　(두 사람 모두 집중하지 않고 카드를 본다. 그러다 둘 다 화들짝 놀란
　　다. 타이론이 귓속말로 말한다.)

　　들어 봐!

에드먼드: 엄마가 아래층으로 내려오고 있어요.

타이론 (황급히): 빨리 카드 놀이하자. 못 본 척하면 다시 올라갈 거
　　니까.

에드먼드 (앞 응접실 너머를 보며, 안도의 한숨을 쉬면서): 안 보여요. 내
　　려오시려다 도로 올라가셨나 봐요.

타이론: 다행이다.

에드먼드: 네. 지금쯤 어떤 상태가 되어 있을지 보기가 겁나네요.
　　(쓰라린 슬픔으로) 받아들이기에 가장 힘든 건 엄마가 주위에 쳐

놓은 텅 빈 벽이에요. 아니면 그건 엄마가 숨어서 몰아의 상태로 빠져버리는 안개의 댐에 더 가까워요. 힘든 건 그게 고의적이라는 거예요! 그녀의 내면에 있는 무언가가 고의적으로 그렇게 하는 거예요. 그게 우리가 닿을 수 없는 곳으로 가도록, 우리를 제거해버리도록, 우리가 살아있다는 것을 잊게 만들어요! 마치 우리를 사랑하면서도 우리를 미워하는 것 같아요!

타이론 (부드럽게 타이른다): 자, 자, 아들아. 그건 엄마가 아니야. 빌어먹을 독이야.

에드먼드 (비통하게): 바로 그 효과를 얻기 위해서 엄마는 그걸 드시는 거예요. 적어도, 이번에는 그랬던 것 같아요! (갑자기) 제 차례죠? 자. (패를 내놓는다.)

타이론 (기계적으로 게임을 하며…… 약간 나무라며): 엄마가 내색은 안 하지만 네 병 때문에 엄청나게 겁에 질렸어. 엄마를 너무 심하게 대하지 마라. 엄마 책임이 아니라는 걸 기억해. 누구든지 일단 그 저주받을 독에 중독되면……

에드먼드 (얼굴이 굳어지며 아버지를 비난하는 표정으로 노려본다): 그러니까 애초부터 그런 일이 없게 했어야죠! 엄마 잘못이 아니라는 거 저도 잘 알고 있어요! 누구 잘못인지 알아요! 아빠의 빌어먹을 인색함 때문이죠! 제가 태어난 후 엄마가 아팠을 때 아빠가 괜찮은 의사를 부르는 데 돈을 썼다면 엄마는 모르핀이라는 걸 아예 몰랐을 거예요! 그런데 아빠는 자신의 무식을 인정하지도 않고 쉬운 해결책을 선택한 호텔 돌팔이의 손에 엄마를 맡겼고, 그 후 엄마에게 일어난 일은 신경도 쓰지 않았죠! 단지 그의 치료비가 싸다는 이유로! 싸구려를 좋아하는 아빠가 저지른 일이죠!

타이론 (찔려서, 화를 내며): 조용히 해! 아무것도 모르는 일에 대해서 어떻게 그런 말을 할 수 있어? (화를 참으려고 애쓰며) 내 입장도 들어봐야지, 아들아. 그 사람이 그런 돌팔이인지 내가 어떻게 알았겠니? 평판이 좋았고……

에드먼드: 호텔 바에 있는 술주정뱅이들 사이에서나 그렇겠죠!

타이론: 말도 안 되는 소리! 제일 좋은 의사를 추천해달라고 호텔 사장에게 부탁했는데……

에드먼드: 그랬겠죠. 그러면서 동시에 가난한 티를 내면서 싸구려 의사를 원한다는 걸 분명히 보여주었겠죠! 아빠가 하는 방식을 잘 알아요! 오늘 오후에 그런 일을 겪었으니 모를 리가 있나요!

타이론 (찔려서 방어적으로): 오늘 오후에 무슨 일이 있었는데?

에드먼드: 지금은 신경 쓰지 마세요. 우리는 엄마 이야기를 하고 있잖아요! 아무리 변명을 해봤자 아빠가 구두쇠 노릇을 해서 저렇게 되었다는 걸 잘 아시잖아요……

타이론: 네가 하는 말은 모두 허튼소리야! 당장 입 닥치지 않으면……

에드먼드 (무시하며): 엄마가 모르핀 중독이 되었다는 걸 아시고 나서, 엄마에게 아직 기회가 있을 때 왜 처음부터 치료하러 보내지 않으셨어요? 절대로 보낼 리 없죠. 또 돈을 써야 하니까요! 분명히 엄마에게 의지력만 발휘하면 된다고 말씀하셨겠죠! 이 문제에 대해 전문가인 의사들이 아무리 말해도 아빠는 마음속에서 여전히 그렇게 믿고 있잖아요!

타이론: 또 말도 안 되는 소리! 이제 나도 그쯤은 알고 있다. 하지만 그 당시에는 어떻게 알았겠니? 내가 모르핀에 대해 뭘 알겠어? 몇 년이 지나서야 뭐가 문제인지 알게 되었다. 그냥 병을 이겨내지 못하는구나, 하고 생각했었어. 왜 치료받으러 안 보냈냐고? (통렬하게) 안 보냈겠냐? 치료에 수천 달러를 썼다! 완전히 헛돈 쓴 거지. 그래서 좋아진 게 뭐냐고! 엄마는 항상 다시 시작하잖아.

에드먼드: 약을 끊고 싶은 마음이 생길 그 어떤 것도 엄마에게 주지 않았기 때문이에요! 집도 없이 엄마가 싫어하는 곳에 여름 별장이라고 만들어놓고, 이곳을 좀 더 좋게 만들기 위해서는 돈을 한 푼도 안 쓰시죠. 그러면서 계속 더 많은 땅을 사들이고, 금광, 은광, 아니면 벼락부자로 만들어주겠다는 사기꾼들의 달콤한 말에 사기나 당하고! 시즌마다 엄마를 하룻밤 순회공연에 데리고 다니면서, 아무런 말 상대 없는 더러운 호텔 방에서 바가 문을 닫아야 술 취해 돌아오는 아빠를 기다리게 하셨잖

아요. 그러니 엄마가 치료받고 싶겠어요? 그걸 생각하면 아빠가 미워서 진저리가 나요!

타이론 (충격받아서): 에드먼드! (그런 다음 화가 나서) 어떻게 감히 아버지한테 그런 식으로 말할 수 있어, 버르장머리 없는 놈! 내가 너를 위해 지금까지 어떻게 했는데.

에드먼드: 아버지가 저를 위해 해주신 일이라고요? 네, 그 문제 얘기해요.

타이론 (다시 죄책감에 쌓인 표정으로…… 이 말을 무시한다): 엄마가 나를 비난하는 말을 그대로 따라서 하는 일 좀 그만둘래? 꼭 독약에 취했을 때만 하는 비난 말이야. 나는 엄마가 싫어하는데도 여행을 억지로 끌고 다니지는 않았어. 당연히 나는 엄마가 함께하기를 원했지. 사랑했으니까. 엄마도 나를 사랑하고 나와 함께하고 싶으니까 따라나선 거야. 엄마가 제정신이 아닐 때 뭐라고 떠들든 간에 그건 진실이야. 또 외로울 필요가 없었어. 원하기만 하면 극단 단원들하고 언제든지 이야기할 수 있었지. 아이들도 있었지. 나는 비용이 들어도 유모가 같이 여행에 따라가야 한다고 고집했어.

에드먼드 (신랄하게): 네, 그게 아빠가 베푼 유일한 관대함이에요. 하지만 그건 엄마가 우리에게 온통 관심을 쏟는 것에 질투가 나서였고, 우리가 아버지를 방해하지 않기를 원해서였죠! 그것 역시 또 다른 실수였죠! 엄마가 혼자서 저를 돌보는 데 몰두

할 수 있었더라면 아마 다른 데 정신을 파는 일은……

타이론 (앙심을 품고): 그래 그 문제에 대해서 말해보자. 엄마가 제
　　정신이 아닐 때 한 말로 모든 것을 네가 계속 판단하니까 하는
　　말인데, 네가 태어나지 않았더라면 엄마는 절대로…… (수치심
　　에 말을 멈춘다.)

에드먼드 (갑자기 지치고 처량한 상태로): 물론 그러시겠죠. 엄마가 그
　　런 심정이라는 거 저도 알아요, 아빠.

타이론 (잘못을 뉘우치며 항변한다): 아니야! 엄마는 세상 모든 엄마
　　가 아들을 사랑하는 만큼 너를 사랑한다! 내가 그 말을 한 건
　　네가 화를 돋우고, 과거를 들춰내고, 나를 미워한다고 말해서
　　……

에드먼드 (덤덤하게): 저도 진심이 아니에요, 아빠. (갑자기 웃으면서
　　약간 취한 듯 농담을 한다.) 저는 엄마를 닮았나 봐요. 어떤 일이
　　있어도 아빠를 좋아할 수밖에 없으니.

타이론 (약간 취한 채 미소를 되돌려준다.): 나도 마찬가지야. 너는 아
　　들로서 대단한 아들이 아니지. "보잘것없지만 그래도 내 아들"
　　에 해당하지.

(두 사람은 술기운은 있지만 진정한 애정을 가지고 껄껄 웃는다. 타이
론이 화제를 바꾼다.)

우리 카드 게임 어떻게 됐지? 누구 차례야?

에드먼드: 아빠 차례일 거예요.

(타이론이 패를 내놓은 것을 에드먼드가 받고 게임은 또다시 뒷전이
된다.)

타이론: 오늘 병원에서 들은 나쁜 이야기 때문에 그렇게 실망할 필
요 없다. 두 의사 모두 나한테 장담했어. 네가 거기 가서 지시
만 잘 따르면 6개월, 길어야 1년이면 낫게 될 거라고.

에드먼드 (다시 얼굴이 굳어져서): 농담 마세요. 안 믿으시잖아요.

타이론 (거세게): 물론 믿지! 하디와 그 전문가가 말하는데 내가 왜
못 믿어?

에드먼드: 제가 죽을 거라고 여기는 거죠?

타이론: 말도 안 돼! 너 미쳤구나!

에드먼드 (더 신랄하게): 죽을 건데 왜 돈을 낭비해? 그래서 저를 주
립 병원에 보내시는……

타이론 (죄책감에 혼란을 느끼며): 무슨 주립 병원? 그곳은 힐타운 요
양원이야. 내가 아는 건 그것뿐이야. 그리고 두 의사 모두 너한
테 최고의 요양원이라고 말했어.

에드먼드 (신랄하게): 돈 때문이겠죠! 거기는 무료잖아요, 아니면 거
의 무료. 거짓말하지 마세요, 아빠! 아빠도 힐타운 요양원이 주

립 병원이라는 거 잘 아시잖아요! 아빠가 하디 선생에게 죽는 소리했다는 걸 형이 낌새채고 하디에게서 모든 걸 알아냈어요.

타이론 (화가 나서): 술주정뱅이 건달놈! 집에서 쫓아내서 도랑에 처박을 거야! 네가 말귀를 알아듣기 시작할 때부터 나를 모함 하는 이야기를 너한테 했어!

에드먼드: 주립 병원이 그렇다는 건 부인 못 하시겠죠?

타이론: 그건 보기에 따라 달라! 주립이 어때서? 나쁠 거 하나도 없어. 주에는 돈이 많아서 다른 사립 요양원보다 시설이 더 좋아. 그걸 이용하는 게 뭐 어때서? 그건 내 권리…… 그리고 네 권리야. 우리는 주민이잖아. 나는 재산소유자고. 그걸 운영하도록 돕고 있어. 죽도록 세금을 내서……

에드먼드 (빈정대면서): 네 맞아요. 25만 불짜리 땅에 내는 세금 말 이죠.

타이론: 거짓말! 다 저당 잡힌 거야!

에드먼드: 하디와 그 전문가는 아빠 재산의 가치를 알아요. 아빠가 우는소리를 하면서 저를 자선기관에 맡기고 싶다는 소리를 했을 때 그 사람들이 아빠를 어떻게 생각했을지 궁금해요!

타이론: 말도 안 되는 소리! 나는 단지 땅만 가진 가난뱅이라 백만 장자들이 가는 요양원은 감당하지 못한다는 말만 했을 뿐이야. 그건 사실이야.

에드먼드: 그리고 맥과이어 씨를 만나러 클럽에 가서 또 다른 땅

을 사셨잖아요! (타이론이 부인하려고 하자) 거짓말하지 마세요! 아빠와 헤어진 후에 우리가 호텔 바에서 맥과이어를 만났어요. 아빠에게 한 건 팔아넘긴 것에 대해 형이 농담하자 윙크를 하더니 웃더군요.

타이론 (힘없이 거짓말을 한다): 그렇게 말했다면 그놈은 거짓말쟁이……

에드먼드: 거짓말하지 마세요! (더 강렬하게) 아빠, 제가 바다로 나가 독립하고, 보잘것없는 급여를 받기 위해 얼마나 힘든 일을 해야 하는지를 알게 된 이후, 그리고 빈털터리가 되고, 굶고, 잘데가 없어서 공원 벤치에서 노숙하는 것이 어떤 기분인지 알게 된 이후로는, 아버지를 이해하려고 노력해왔어요. 아버지가 어릴 때 겪어야 했던 일이 어떤 건지 알았기 때문에요. 그런 사정을 참작하려고 노력해 왔어요. 이 빌어먹을 집안에서 그런 걸 감안하지 않으면 미치게 되니까요! 내가 저지른 미친 짓들이 생각날 때면 나 자신도 관대하게 봐주려고 노력했죠! 엄마가 그랬듯이 돈에 관한 한 아버지가 어찌할 수 없는 부분이 있다는 걸 이해하려고 노력했어요. 그런데 하나님 맙소사, 이번에 아빠가 한 짓은 너무 했어요! 정말 구역질이 나서 못 견디겠어요! 아빠가 저를 치사하게 취급하는 방식 때문이 아니에요. 그건 아무렇지도 않아요! 저도 여러 번 제 나름대로 아빠에게 못되게 대했으니까요. 그런데 아들이 결핵이 걸렸는데 온 동네

사람들 보는 앞에서 그렇게 더러운 구두쇠 짓을 해야겠어요? 하다가 말하면 온 동네 사람들이 알게 될 거라는 것 모르시겠어요? 빌어먹을, 아빠는 자존심이나 수치심도 없어요? (분노가 폭발하며) 이번에 그냥 넘어갈 거로 생각하지 마세요! 아빠가 빌어먹을 몇 푼 아껴 빌어먹을 땅을 더 살 수 있도록 주립 병원에 가지 않겠어요! 더러운 수전노 영감……! (목소리가 분노로 떨리면서 목이 막히고, 발작적인 기침으로 몸이 흔들린다.)

타이론 (이 공격을 받고 분노보다는 죄책감으로 인한 뉘우침이 더 커서 의자에 푹 눌러앉는다. 말을 더듬는다.): 조용히 해! 나한테 그따위로 말하지 마! 너 취했어! 네 말 신경 쓰지 않으마. 기침을 멈춰라, 얘야. 아무것도 아닌 일을 가지고 괜히 흥분했어. 누가 너보고 힐타운 요양원에 가래? 네가 가고 싶은 곳은 아무 데나 가. 비용이 얼마가 나오든지 나는 상관없어. 내게 중요한 건 네가 낫는 거야. 의사들이 쉽게 사기 칠 수 있는 백만장자처럼 안 보이기 위해서 내가 그러는 거니까 나를 더러운 수전노라고 부르지 마라.

(에드먼드의 기침이 멈췄다. 병들고 약한 모습이다. 아버지는 놀라서 그를 바라본다.)

힘이 없어 보이는구나, 아들아. 어서 한잔해라.

에드먼드 (병을 잡고 잔을 꼭대기까지 채운다. 약하게): 고마워요. (위스키를 벌컥벌컥 마신다.)

타이론 (술병이 다 빌 때까지 술을 크게 한 잔 따라 마신다. 고개를 숙이고 테이블 위의 카드를 멍하게 쳐다본다. 막연히): 누구 차례지? (서운한 감정 없이 덤덤하게 계속 말한다.) 더러운 수전노라고. 그래, 네 말이 맞을지 모르지. 어쩌면 그건 내 운명인지도 몰라. 내 소유라는 게 생긴 이래로 평생 술집에 있는 모든 사람에게 술을 사기 위해 바에다 돈을 던지고, 안 갚을 게 뻔한 술고래에게 돈을 빌려주긴 했지만. (입을 벌리고 자조의 냉소를 날리며) 물론 그건 내가 위스키에 잔뜩 취한 술집에서였지. 집에서 정신이 말짱할 때는 그런 기분을 느낄 수가 없어. 내가 처음으로 달러의 가치를 배우고 가난의 두려움을 배운 건 집에서였어. 그 후로는 내운을 믿을 수가 없었지. 운명이 변덕을 부려 내 모든 걸 빼앗아가버릴 거라는 두려움에 언제나 사로잡혀 있었으니까. 하지만 땅을 더 많이 가질수록 더 안전하다는 생각이 들어. 논리적이아닐지 모르지만 어쨌든 내 기분은 그래. 은행이 망하고, 돈이사라질 수 있지만, 발밑에 있는 땅은 지킬 수 있다는 생각이 드니까. (갑자기 우쭐한 어조로 바뀐다.) 내가 어릴 때 고생했던 일을 네가 이해하게 되었다고 했지. 잘도 하겠다! 네가 어떻게 알아! 너는 모든 걸 가졌어. 유모에다, 학교에다, 대학까지 갔지. 도중에 중퇴하긴 했지만. 음식과 의복도 있었지. 오, 네가 외국에서 노숙자와 빈털터리 신세로 막노동을 잠깐 했다는 건 내

가 알아. 그리고 그 점은 내가 높이 사지. 하지만 그건 너에게
로맨스와 모험이라는 게임에 불과해. 그냥 장난이었다고.

에드먼드 (막연히 냉소적으로): 그래요. 특히 내가 지미 더 프리스트
라는 술집에서 자살을 시도했고, 거의 자살할 뻔한 일도.

타이론: 너는 제정신이 아니었어. 내 아들이라면 그런 짓을…… 술
김에 한 거야.

에드먼드: 저는 정신 완전히 말짱했어요. 그게 문제죠. 오랫동안 생
각이란 걸 하지 않았으니까.

타이론 (술에 취해 짜증을 내며): 빌어먹을 무신론자의 우울한 넋두
리는 그만둬! 듣기 싫으니까. 나는 너한테 분명히 밝혀두려
고…… (빈정대며) 네가 달러의 가치에 대해 뭘 알아? 내가 10
살 때 아버지는 엄마를 버리고 아일랜드로 죽으러 갔어. 그래
서 곧 죽었지. 죽어도 싸. 나는 아버지가 지옥에서 불타고 있
으면 좋겠어. 쥐약을 밀가루나 설탕으로 착각했대. 실수가 아
니라는 말도 있는데 그건 말도 안 돼. 우리 집안에서는 아무
도……

에드먼드: 실수가 아닌 게 확실해요.

타이론: 또 저놈의 병적인 생각! 네 형이 너한테 세뇌를 시켰지. 걔
는 항상 최악을 생각하고 그게 그놈에게는 진리야. 하지만 그
건 그렇고. 어머니는 낯선 땅에서 이방인으로 혼자 남았지. 나
와 나보다 손위 누나, 그리고 여동생 두 명, 이렇게 네 명의 어

린아이들을 데리고. 형 두 명은 다른 지역으로 가버렸어. 어쩔
수 없었던 거지. 살아남으려면 어쩔 수 없는 선택이었어. 우리
의 가난에는 낭만적인 게 하나도 없었어. 우리가 집이라고 부
르는 초라한 오두막에서 두 번이나 쫓겨났어. 얼마 안 되는 엄
마의 가구는 거리로 내동댕이쳐지고, 어머니와 누이들은 울고.
내가 가장이었기 때문에 울지 않으려고 했지만 나도 울었어.
10살에! 학교는 다닐 수도 없었지. 기계공장에서 쇠를 가는 줄
만드는 법을 배우면서 하루에 12시간 일했지. 지붕에서 빗물
이 뚝뚝 떨어지는 더러운 헛간 같은 곳, 여름이면 찜통이 되고
겨울에는 난로도 없어서 손이 추위로 마비되는 곳, 빛이라고
는 두 개의 작고 더러운 창문을 통해 들어오는 것뿐이라 흐린
날에는 몸을 구부려 눈을 줄에 거의 갖다 대야 볼 수 있는 곳에
서! 네가 일을 말해? 그렇게 일해서 얼마 받은 것 같아? 일주일
에 50센트! 사실이야! 일주일에 50센트! 불쌍한 어머니는 낮
에는 미국인들 집에 가서 빨래하고 청소했고, 누나는 바느질,
두 명의 여동생들은 집에서 살림했어. 입을 옷도, 먹을 음식도
항상 모자랐어. 추수감사절인지 크리스마스인지 기억은 안 나
는데 어머니가 일하시던 집의 미국 사람이 선물로 1달러를 더
주었고, 집에 오는 길에 어머니는 그걸로 몽땅 음식을 사셨지.
어머니가 우리를 끌어안고 키스하면서 지친 얼굴에 눈물을 흘
리며 말씀하시던 게 기억나. "인생에 처음으로 우리 각자가 먹

을 음식을 충분히 주시니 하나님 감사합니다!" (눈물을 훔친다.) 훌륭하고, 용기 있고, 다정한 여성이셨지. 그보다 용감하고 훌륭한 분을 본 적이 없어.

에드먼드 (감동받아서): 네, 그러실 것 같아요.

타이론: 어머니의 유일한 두려움은 나이 들고 병들어 양로원에서 돌아가시는 거였어. (잠시 말을 멈춘 뒤 음울한 유머 감각으로 말한다.) 내가 수전노가 되기를 배운 건 그 시절이었어. 당시에는 달러의 가치가 너무 컸으니까. 일단 그 교훈을 배우면 원래로 돌아갈 수가 없어. 싸구려를 찾을 수밖에 없어. 내가 값이 싸서 이 주립 요양원을 구했다 해도 너는 나를 이해해야 해. 의사들이 좋은 곳이래. 그걸 믿어야 해, 에드먼드. 정말이지 네가 가기 싫다면 억지로 보낼 생각 없다. (힘을 주어) 네가 가고 싶은 곳은 네가 골라! 비용은 신경 쓰지 말고! 내 형편에 보낼 수 있는 곳은 어디든지. 어디든…… 너무 비싼 곳은 말고.

(이렇게 제한을 두자 에드먼드의 입꼬리가 씽긋 올라간다. 아버지에 대한 앙심은 사라졌다. 타이론은 아무렇지도 않은 태도로 장황하게 말을 계속한다.)

전문의가 추천한 요양원이 또 하나 있어. 국내 어느 곳에 못지않은 좋은 치료 기록을 갖고 있대. 부유한 공장주 단체에서 후 원하는 곳으로 주로 자기 직원들을 위한 시설이지만 너도 주민이기 때문에 자격이 있다고 하더구나. 자금이 빵빵하기 때문에 진료비를 그렇게 많이 받지 않는데. 일주일에 7달러밖에 안되지만 그 돈의 10배 혜택은 본다더구나. (서둘러) 내가 너에게 뭘 설득하려는 건 아니야. 나는 단지 내가 들은 걸 말해 주는 거야.

에드먼드 (미소를 숨기며, 아무렇지도 않게): 네, 알아요. 제가 볼 때도 아주 좋은 가격 같아요. 거기 가고 싶어요. 이제 그 문제는 해결되었고. (갑자기 다시 불쌍하게 절망적으로 변한다, 담담하게) 어쨌든 지금 와서는 아무 상관이 없잖아요. 그만 잊어버려요! (화제를 돌리며) 우리 카드놀이는 어떻게 되었죠? 누구 차례예요?

타이론 (기계적으로): 모르겠다. 내 차례인가. 아니다. 네 차례야.

(에드먼드가 카드를 내놓는다. 아버지가 그걸 받는다. 그리고 자기가 가진 카드를 내놓으려고 하다가 다시 카드놀이를 잊어버리고.)

그래, 인생이 나에게 공부를 너무 많이 시켜서 달러의 가치를 너무 많이 부풀려 놓았지. 그래서 그 실수가 훌륭한 배우로서의 내 경력을 망치는 때가 왔어. (슬픈 표정으로) 이걸 누구에게도 인정한 적이 없지만, 오늘 밤은 너무나 가슴이 아파서 막다른 골목에 다다른 느낌이야. 그러니 거짓 자존심과 겉치레가 무슨 소용이 있겠어. 내게 엄청난 성공, 금전적으로 많은 성공을 거두게 해준 그 빌어먹을 연극이 쉽게 돈을 벌 수 있을 거라는 전망으로 나를 망쳐버렸어. 다른 건 하고 싶지 않았지. 그리고 내가 그놈의 연극의 노예가 되어버렸다는 사실을 문득 깨닫고 다른 극을 시도하였을 때는 너무 늦어버렸어. 하나의 배역과 나를 동일시하여 사람들은 다른 연극에는 써주지 않았어. 그 사람들이 옳기도 해. 쉽게 같은 걸 반복하느라 새로운 배역을 공부하지도 않았고, 진짜 열심히 노력하지도 않고 세월을 보내면서 한때 가졌던 재능을 다 잃어버렸어. 손가락 까딱하면 한 시즌에 3만 5천에서 4만 달러의 순이익을 벌어들였지! 그건 너무 큰 유혹이었어. 하지만 그 작품을 하기 전에 나는 미국에서 위대한 예술적 가능성이 있는 서너 명 중의 한 명이라는 평가를 받았어. 나는 미친 듯이 일했어. 연극이 너무 좋아서 단역을 맡기 위해 기계공으로서의 좋은 직업도 버렸어. 나는 야망에 빠져 제정신이 아니었어. 희곡이란 희곡은 모두 읽었어. 성경을 공부하듯이 셰익스피어를 공부했어. 독학한 거지. 아일랜드 사투리도 싹 잘라냈어. 셰익스피어를 사랑했어. 그의 시적인 대사 속에 살아 숨 쉬는 기쁨을 위해서라면 아무 보수도 안 받고 어떤 작품이라도 출연했을 거야. 나는 셰익스피어 연기를 잘했어. 그에게 영감을 받았어. 계속했다면 위대한 셰익스피어 전문 배우가 되었을 거야. 확신해! 1874년 내가 주역으

로 활동하던 시카고의 극단에 에드윈 부스가 왔을 때, 하루 저
녁은 그가 브루투스, 나는 카시우스, 다음 날은 그가 카시우스,
내가 브루투스, 그가 이아고를 맡으면 내가 오셀로, 이런 식으
로 진행했지. 내가 오셀로 역을 한 첫째 날 저녁에 그가 우리
매니저에게 "저 젊은이는 내가 이제까지 했던 것보다 훨씬 오
셀로 역을 잘하는군요!"라고 말했어. (자랑스럽게) 당대의, 그리
고 시대를 통틀어 최고의 배우인 부스로부터 그런 찬사를 듣
다니! 그리고 그건 사실이었어! 나는 불과 27세였어! 지금 되
돌아보니 그날 저녁이 내 경력의 최정점이었어. 내가 원하는
삶을 살게 된 거야! 나는 높은 야망을 지니고 그 후로도 계속
해서 위로 올라갔어. 네 엄마와 결혼도 하고. 그 시절 내 모습
이 어땠는지 엄마한테 한번 물어봐라. 엄마의 사랑은 내 야망
에 불을 붙였지. 하지만 몇 년 후 행운인지 불행인지 나는 크
게 돈벌이가 되는 작품을 만나게 된 거야. 내가 보기에 처음부
터 그런 작품은 아니었어. 내가 누구보다도 잘할 수 있는 멋진
낭만적인 역할이었어. 하지만 그건 처음부터 흥행에 성공해서
한 시즌당 순수익으로 3만 5천에서 4만을 가져다주었어! 그리
고 나는 내가 원하는 삶을 사는 것이 아니라 삶에 끌려다니는
신세가 되었지. 그 당시에도 엄청난 액수였지, 그리고 지금도.
(비통하게) 내가 뭘 그렇게 사고 싶었을까, 그만한 가치가 있
는…… 에라 모르겠다. 후회하기는 늦었지. (막연하게 카드를 본

다.) 내 차례지?

에드먼드 (감동받아서, 이해한다는 표정으로 아버지를 바라보며, 천천
히): 이런 이야기를 해주셔서 기뻐요, 아빠. 이제 아빠를 더 잘
이해하게 되었어요.

타이론 (맥이 풀린, 일그러진 미소를 지으며): 너한테 이야기하지 말
걸 그랬다. 네가 나를 더 경멸할지도 모르겠다. 돈의 가치를 너
에게 설득하는 데는 좋은 방법이 아니었어. (마치 이 말이 자동적
으로 그의 마음속에 습관적인 연상작용을 일으킨 것처럼, 샹들리에를
못마땅하게 쳐다본다.) 불을 더 켜니까 눈이 부셔서 눈이 아프구
나. 꺼도 괜찮지? 불을 많이 켤 필요도 없고 전기회사만 돈 벌
게 해줄 필요도 없으니까.

에드먼드 (웃음이 나오는 것을 억지로 참고, 수긍하며): 그럼요. 끄세요.

타이론 (힘들게 그리고 약간 비틀거리며 이동한다. 등을 더듬거리며 찾는
다. 원래 했던 생각으로 되돌아가서): 아니지, 내가 뭘 사고 싶었는
지 모르겠어. (등 하나를 끈다.) 에드먼드, 내가 맹세하건대, 내가
훌륭한 배우로 성공을 했더라면, 그래서 그걸 지금 회상할 수
있다면, 내 명의로 된 땅 한 마지기 없어도, 은행에 돈 한 푼 없
어도 좋아. (등 하나를 또 끈다) 노년에 집이 없어서 양로원에 가
는 것도 기꺼이 받아들일 수 있어.

(세 번째 등을 끈다. 이제 독서 등만 켜져 있고 그는 의자에 털썩 주저
앉는다. 에드먼드는 갑자기 긴장되고 냉소적인 웃음을 터뜨린다. 타이

론은 상처받는다.)

뭘 보고 웃는 거냐?

에드먼드: 아빠 보고 웃는 거 아니에요. 인생을 향해 웃는 거예요. 인생은 너무 미쳤어요.

타이론 (으르렁대며): 너의 병적인 생각은 더 이상 듣고 싶지 않아! 인생은 아무 잘못이 없어. 문제는 우리…… (인용한다) "브루투스, 우리가 아랫사람이 된 것은 우리의 운명의 별이 아니라 우리 자신에게 그 잘못이 있소."[06] (멈춘다. 그리고 처량하게) 내가 오셀로 역을 할 때 에드윈 부스가 내게 준 찬사. 나는 매니저에게 그의 말을 그대로 적어놓게 했지. 몇 년 동안 내 지갑에 지니고 다녔어. 그걸 가끔 꺼내 읽곤 했어. 그러다가 마침내 그걸 보면 너무 기분이 나빠져서 더 이상 그걸 보고 싶지 않았지. 그게 지금 어디 있더라? 집 안 어딘가에 있을 텐데. 신경 써서 치워둔 걸로 기억하는데……

에드먼드 (냉소적인 슬픈 표정으로): 엄마의 웨딩드레스와 함께 다락에 있는 낡은 트렁크에 있을 거예요. (아버지가 노려보자, 재빨리 덧붙인다.) 아 정말, 우리 카드 하는 거면 빨리해요.

06　셰익스피어의《줄리어스 시저》1막 2장에 나오는 대사.

(아버지가 낸 카드를 받아들고 리드한다. 한동안 그들은 기계적인 체스꾼처럼 카드를 한다. 그러다가 타이론이 이 층에서 나는 소리를 듣고 멈춘다.)

타이론: 아직도 돌아다니고 있는데. 도대체 잠은 언제 자는 거야.
에드먼드 (강하게 호소한다) 제발, 아빠, 그냥 잊어버려요!

(손을 뻗어 술을 따른다. 타이론이 한마디 하려다가 포기한다. 에드먼드가 술을 마신다. 잔을 놓는다. 표정이 변한다. 그가 다시 말을 할 때는, 마치 일부러 취한 상태에 몸을 맡겨두고 감상적인 태도 뒤에 숨으려고 하는 것 같다.)

그래요, 엄마는 우리 위에 우리의 손이 닿지 못하는 곳에서 과거를 헤매는 유령처럼 움직이고 있어요. 그리고 우리는 잊어버린 듯하지만, 자그마한 소리라도 들으려고 귀를 기울이고 있어요. 고장 난 미친 시계의 불규칙한 똑딱거림같이, 아니면 싸구려 술집 테이블에 놓인 김빠진 맥주 위에 펑펑 흘리는 창녀의 처량한 눈물같이 처마에서 떨어지는 안개 소리를 들으면서! (감상적으로 음미하며 웃는다.) 나쁘지 않죠? 보들레르가 아니라 제가 직접 쓴 시예요. 점수를 좀 주세요! (그리고 술 취한 사람처럼 수다를 떤다.) 아빠는 방금 기억 속에서 가장 빛났던 순간

들을 이야기하셨어요. 제 것도 들어보실래요? 모두 바다와 연
관된 거예요. 하나 해드릴게요. 부에노스아이레스로 가는 스
칸디나비아 범선을 탔을 때예요. 무역풍이 부는 보름달이었어
요. 배는 14노트의 속도로 항해하고 있었어요. 나는 고물을 바
라보며 뱃머리 사장(斜檣)에 누워있었어요. 밑에는 물이 거품
을 내며 포말을 만들었고, 내 위에 높이 치솟은 돛들은 달빛을
받아 하얗게 빛났어요. 나는 아름다움과 음악적인 리듬에 취
해 잠시 나 자신을…… 거의 내 삶을 잃어버렸어요. 나는 해방
되었어요! 나는 바다에 녹아 들어가 흰 돛과 날리는 물보라가
되고, 아름다움과 리듬이 되고, 달빛과 배와 희미한 별이 빛나
는 하늘이 되었어요! 나는 과거나 미래도 없이, 평화와 일치와
주체할 수 없는 기쁨 속에 속했어요. 내 삶보다 더 큰 무엇, 인
간의 삶, 삶 그 자체에 속해 있었어요! 아빠가 원하시는 표현대
로라면 하나님에게 속해 있었어요. 또 한번은 미국 배를 탔는
데 새벽 불침번을 서면서 돛대 위 망대에 올라가서 망을 보고
있었어요. 그때는 바다도 고요했어요. 잔잔한 파도가 일렁이면
서 배도 느리게 흔들리고 있었죠. 승객들은 잠들었고 승무원들
은 보이지 않았어요. 인간의 소리라고는 없었죠. 저 아래쪽 뒤
에는 검은 연기가 굴뚝으로부터 뿜어나오고 있었어요. 꼭대기
에서 혼자 망을 보는 것이 아니라 꿈을 꾸며, 외로움을 느끼며,
같이 잠든 바다와 하늘 위로 새벽이 채색된 꿈처럼 퍼져가는

것을 바라보았어요. 그때 황홀한 자유의 순간이 왔어요. 평화, 탐색의 끝, 마지막 항구, 인간의 더럽고, 처량하고, 탐욕적인 두려움과 희망과 꿈 너머의 성취에 온전히 속한 기쁨! 제 인생에서 다른 때도 여러 번, 내가 멀리 헤엄쳐 나가거나, 홀로 해변에 누워 있을 때, 같은 경험을 했어요. 태양도 되어보고, 뜨거운 모래, 바위에 걸려 조류에 흔들리는 해초도 되어보았어요. 성자들이 보는 더없는 행복의 순간. 만물을 덮고 있는 베일이 보이지 않는 손에 의해 들춰지는 것처럼. 잠시 그것을 볼 수 있어요. 그리고 비밀을 보면 나도 비밀이 되어버리죠. 한순간 의미가 생겨요! 그때 손이 베일을 떨구면 혼자가 되고, 안개 속에 다시 길을 잃고, 뚜렷한 이유 없이 알지도 못한 곳을 향해 비틀거리며 나아가죠!

(비꼬듯이 웃는다.) 제가 인간으로 태어난 것 자체가 큰 실수였어요. 바다 갈매기나 물고기가 되었으면 더 잘 살았을 텐데. 그러니 지금대로라면 저는 편안함을 느끼지 못하는 영원한 이방인이 될 거예요. 진정으로 원하는 것도 없고 누가 원하지도 않고, 결코 소속감을 느끼지 못하고, 항상 죽음과 약간의 사랑에 빠진 이방인!

타이론 (그를 빤히 쳐다보면서, 감동을 받아서): 그래, 너에게는 시인의 소질이 분명히 있어. (그리고 못마땅해서 싫은 소리를 한다.) 그렇지만, 원하는 사람이 없다느니 죽음을 사랑한다느니 하는 건 병적인 미친 소리야.

에드먼드 (냉소적으로): 시인의 소질이라고 하셨나요. 아뇨, 저는 항상 담뱃값을 구걸하는 사람 같은걸요. 전혀 소질이 없어요. 습관만 있을 뿐이에요. 방금 아빠께 말하고 싶은 것이 있었는데 거의 변죽도 울리지 못했어요. 그냥 말을 더듬었을 뿐이죠. 그게 제가 할 수 있는 최선이에요. 제가 살려면 말이에요. 적어도 충실한 사실주의는 될 수 있겠죠. 말을 더듬는 것은 우리 안개 인간의 타고난 웅변이니까요.

(휴지. 누군가 비틀거리며 현관 계단에 넘어진 것처럼 집 밖에서 소리가 나자 두 사람 모두 펄쩍 뛰며 놀란다. 에드먼드는 씩 웃는다.)

지금까지 집에 안 계셨던 형님 소리처럼 들리네요. 술을 잔뜩 드신 것 같아요.

타이론 (인상을 쓰며): 저 건달! 마지막 차를 탔군. 빌어먹을 차. (일어선다.) 네 형 재워라, 에드먼드. 나는 베란다에 나가마. 저놈은 술만 취하면 독사 같은 독설을 하지. 내 기분만 나빠질 테니까.

(제이미가 들어오면서 앞 현관문이 탕하고 닫히자 그는 옆 베란다로 연결되는 문으로 간다. 에드먼드는 형이 앞 응접실로 비틀거리며 들어오는 것을 흥미롭게 바라본다. 제이미가 들어온다. 술이 잔뜩 취해 멍

하게 서 있다. 눈은 풀렸고, 얼굴은 부었으며, 말은 불분명하고, 아버지처럼 입을 약간 벌리고, 입술에는 짓궂은 웃음기가 있다.)

제이미 (문간에서 비틀거리고 눈을 끔벅거리며 큰 소리로): 어이! 어이!

에드먼드 (날카롭게): 큰 소리 내지 마!

제이미 (눈을 끔뻑하며): 오, 안녕, 꼬마. (진지하게) 나 엄청 취했어.

에드먼드 (덤덤하게): 아주 큰 비밀을 말해줘서 고마워.

제이미 (바보처럼 웃는다): 필요 없는 정보 1호라고? (몸을 굽혀 바지의 무릎 부분을 친다.) 심각한 사고가 있었어. 현관 계단이 나를 짓밟으려고 했어. 안개를 이용해서 나를 요격했지. 저 밖에 등대를 하나 설치해야겠어. 여기 안쪽도 어두워. (상을 찌푸리며) 도대체 여긴 어디야? 시체안치소야? 검시 대상에 불 좀 비추어야지. (키플링을 읊으면서 비틀거리며 테이블 쪽으로 온다.)

"여울, 여울, 카불 강의 여울,

어둠 속에 있는 카불 강의 여울!

옆에 길 건너는 말뚝만 있으면 분명히 인도해줄 거야

어둠 속에 있는 카불 강의 여울 건너서."

(샹들리에를 더듬거리더니 등을 세 개 다 켠다.)

이래야지. 빌어먹을 가스파르 영감 같으니라고. 그 수전노 영감 어디 갔어?

에드먼드: 베란다에.

제이미: 우리보고 캘커타[07]의 지하 감옥에서 살라는 건 아니겠지. (위스키가 가득 찬 병에 시선을 고정한다.) 이런! 내 눈에 헛것이 보이나? (더듬거리며 손을 뻗어 병을 잡는다.) 와, 진짜네. 오늘 밤 영감이 어떻게 된 거 아냐? 이걸 내놓은 걸 잊어버리다니 늙었나 봐. 기회를 놓치지 마라. 이게 바로 성공의 열쇠지. (잔에다 크게 한잔 따른다.)

에드먼드: 지금도 술 냄새가 코를 찌르는데. 이걸 마셨다가는 뻗을 거야.

제이미: 아기의 입에서 지혜가 나오다니. 잘난 척하지 마라, 꼬마야. 머리에 피도 안 마른 녀석이. (잔을 조심스럽게 높이 들고 몸을 낮추어 의자에 앉는다.)

에드먼드: 좋아. 원한다면 뻗어버리든가.

제이미: 뻗을 수가 없어. 그게 문제야. 배를 가라앉힐 만큼 마셨지만 말짱해. 자, 여기에 희망을 한번 걸어볼까. (마신다.)

에드먼드: 병 좀 이리 밀어. 나도 한 잔 마시게.

제이미 (갑자기 큰형 노릇을 하며 병을 잡는다): 안 되지, 안 돼. 내가 있는 동안에는 안 돼. 의사의 지시를 기억해야지. 네가 죽는다고

---

07   인도 동쪽에 있는 항구 도시, 2000년에 콜카타로 이름을 바꾸었다. 이곳 지하 감옥에서 1756년 6월에 영국인 포로 123명이 더위와 산소 부족으로 사망했다.

해도 아무도 신경 쓰지 않지만, 나는 달라. 내 꼬마 동생. 너를 사랑한다, 꼬마야. 모든 게 사라졌어. 내게 남은 건 너뿐이야. (병을 바짝 끌어당기며) 그러니 너는 술 마시면 안 돼. (술에 취해 감상에 빠지긴 했지만 순수한 진정성이 보인다.)

에드먼드 (짜증스럽게): 오, 그만둬.

제이미 (상처받아서 얼굴이 굳어진다): 내가 신경 쓴다는 게 안 믿어져? 그냥 술 취해서 헛소리하는 거다, 이거지? (병을 밀어 준다.) 좋아. 네 맘대로 죽든지 말든지.

에드먼드 (형이 상처받은 걸 보고, 다정하게): 형이 나에게 신경 써 주는 거 내가 당연히 알지. 나 술 끊을 거야. 하지만 오늘 밤은 예외야. 오늘 지랄 같은 일이 너무나 많이 일어났거든. (한 잔 따른다.) 건강을 위하여. (마신다.)

제이미 (잠시 정신이 말짱해지며 동정하는 표정으로): 나도 알아, 꼬마야. 네게 힘든 날이었지. (빈정대는 냉소로) 가스파르 노인네는 틀림없이 네가 술 마시는 거를 말리지 않았을 거야. 아마 네가 걸인 환자들이 가는 주립 요양원에 갈 때 술 한 상자를 안겨 줄 걸. 네가 빨리 죽을수록 비용을 아낄 수 있으니까. (경멸에 가득 찬 증오로) 정말 나쁜 인간을 아버지로 두었어! 네가 책에다 그 인간 이야기를 쓰면 아무도 안 믿을 거야!

에드먼드 (방어하며): 아빠는 괜찮은 분이야. 형이 이해하려고만 하면…… 그리고 유머 감각을 유지하면.

제이미 (냉소적으로): 케케묵은 신파 같은 이야기를 너한테 늘어놓았구나? 너는 항상 아빠한테 넘어가니까. 나는 아냐. 절대로. (그러다가 천천히) 어떤 면에서 한 가지에 대해서는 아버지가 불쌍하기는 해. 하지만 그것조차도 자기가 자초한 일이야. 자업자득이라고. (서둘러) 그 이야기는 그만하고. (다시 몹시 취한 모습을 보이며 병을 집어 또 한 잔 따른다.) 마지막에 마신 잔에 확 오르는데. 이걸로 끝장내야 할 텐데. 이 요양원이 싸구려라는 걸 내가 하디에게서 알아냈다고 가스파르에게 말했어?

에드먼드 (마지못해): 응. 거기 안 가겠다고 말했어. 이제 모든 게 해결되었어. 나보고 가고 싶은 곳 아무 데나 가래. (앙심은 품지 않고 웃으며 덧붙인다.) 물론 적당한 곳으로.

제이미 (취해서 아버지를 흉내 내며): 당연하지, 꼬마야. 적당한 선에서 아무 데나. (비웃으며) 그 말은 또 다른 싸구려 요양원에 가라는 거야. 아버지는 《종》에 나오는 수전노 가스파르 역할은 분장도 없이 잘할 거야.

에드먼드 (짜증이 나서): 오, 제발 좀 닥쳐. 그 가스파르 이야기 백만 번도 더 들었어.

제이미 (어깨를 으쓱하며, 술 취한 소리로): 좋아, 네가 괜찮다면. 그러라고 해. 네가 죽는 거니까. 아니 내 말은, 그렇게 되지 않기를 바란다고.

에드먼드 (화제를 바꾸며): 오늘 밤 시내에 갔어? 메이미 번즈한테?

제이미 (술이 많이 취해 고개를 끄덕이며): 당연하지. 내가 어디서 적당한 여성 동반자를 찾겠어? 그리고 사랑을. 사랑을 잊지 마. 착한 여자의 사랑이 없으면 남자란 뭐가 돼? 빌어먹을 빈껍데기에 불과하지.

에드먼드 (이제 자신을 놓아버리고 술 취한 상태가 되어 껄껄 웃는다): 형은 미쳤어.

제이미 (오스카 와일드의 "창녀의 집"의 한 구절을 신나게 암송한다.):

"그래서 내 사랑에게 내가 말했지.
'죽은 자는 죽은 자와 춤추고,
먼지는 먼지와 함께 소용돌이치네.'

하지만 그녀는…… 그녀는 바이올린 소리를 듣고,
내 곁을 떠나 들어갔네.
사랑은 욕정의 집으로 들어갔네.

그러자 갑자기 음악도 엉망이 되고,
춤추던 사람들도 왈츠에 싫증이 났네."

(중단하고, 탁한 목소리로) 아주 정확한 건 아니야. 내 사랑이 내 곁에 있었다 해도 나는 알아차리지 못했어. 유령이었나 봐. (휴지) 오늘 밤 메이미 술집의 여자 중에 내가 누구를 택해서 여인의 사랑이라는 복을 받았게, 맞혀 봐. 그거 엄청나게 웃길 거야,

꼬마야. 팻 바이올렛을 선택했어.

에드먼드 (취해서 웃는다): 정말? 대단한 선택인데! 와, 그 여자 1톤 정도 나갈걸. 왜 그랬어? 농담으로?

제이미: 농담 아니야. 아주 진지했어. 내가 메이미의 술집에 도착했을 때쯤 나는 나 자신과 세상의 모든 불쌍한 건달들이 불쌍했어. 어떤 늙은 여자의 가슴에 안겨서라도 울 준비가 되었지. 너도 잘 알지. 위스키가 네 몸 안에서 부드러운 음악을 틀면 어떤 상태가 되는지. 그랬는데, 내가 문에 들어서자마자 메이미는 자신의 모든 문제를 내게 털어놓기 시작했어. 장사가 너무 안 된다고 불평을 하더니 팻 바이올렛을 내보내야겠다고 말했어. 손님들이 안 좋아한다는 거야. 그래도 그녀를 데리고 있는 건 피아노를 칠 수 있기 때문이었대. 그런데 최근에는 바이올렛이 술 취해서 피아노도 칠 수 없고 자기 장사만 그냥 축내고 있대. 걔가 그저 착하기만 해서 어떻게 밥벌이를 할까 걱정도 되지만, 그래도 장사는 장사니까, 거저 밥이나 축내는 창녀를 위해 술집을 운영할 수는 없다는 거야. 그 이야기를 들으니까 바이올렛이 불쌍해서 네가 준 돈 2달러를 주고 그녀를 이 층으로 데려갔지. 전혀 불온한 의도를 가진 것은 아니야. 뚱뚱한 여자를 좋아하긴 하지만 그 정도는 아니야. 삶의 무한한 슬픔에 대해서 허심탄회한 이야기나 나눠볼까 했던 거야.

에드먼드 (취기가 돌아서 껄껄 웃는다): 불쌍한 바이올렛! 형은 틀림없이 키플링과 스윈번과 다우슨을 읊조리고 "시나라여, 나는 내 방식으로 그대에게 충실했네"라고 말했을 거야.

제이미 (헤벌쭉 웃으며): 물론이지. 마음속에서는 내 오랜 주인인 위스키가 부드러운 가락을 연주하고. 한동안 잘 듣고 있더라고. 그러더니 그녀가 완전히 화가 났어. 내가 장난으로 자기를 이층으로 데려왔다고 생각한 거야. 그러더니 나에게 큰소리치며 난리를 피웠어. 자기가 시나 외우는 주정뱅이 건달보다는 훨씬 낫다고. 그러더니 울기 시작하는 거야. 그래서 네가 뚱뚱해서 너를 좋아해, 라고 말할 수밖에 없었는데, 그 말을 믿고 싶어 하더라고, 그래서 그 말을 입증하려고 계속 그녀와 같이 있었지. 그랬더니 그게 기분이 좋았는지 내가 떠날 때 키스를 해주더군, 그리고 그녀는 나한테 홀딱 빠졌다고 말했고 우리는 복도에서 좀 더 같이 울었어. 모든 게 좋았어. 메이미 번즈가 나를 돌았다고 생각한 것을 빼면.

에드먼드 (비웃으며 시를 낭송한다):

"창녀들과

쫓기는 자들은 베풀 수 있는 나름의 즐거움이 있지,

천박한 무리들은 결코 이해할 수 없어."

제이미 (취한 채로 고개를 끄덕인다): 바로 그거야! 거기다가 정말 좋은 시간을 보냈어. 네가 나와 딱 붙어 있어야 했는데. 메이미 번즈가 네 안부 묻더라. 네가 아파서 정말 마음 아프다고. 진심이었어.

(휴지. 그리고 감상적인 기분에 빠져 삼류 배우의 어조로) 내 동생아, 오늘 밤 나를 기다리고 있는 새로운 직업을 찾았어. 연기는 공연하는 물개들에게 줄 거야. 물개들이야말로 가장 완벽한 연기를 할 수 있는 존재들이지. 하나님이 주신 타고난 재능을 적절한 영역에 적용해서 나는 성공의 최정점에 올라갈 거야! 나는 바넘과 베일리 서커스단에서 뚱뚱한 여자들의 애인이 될 거야!

(에드먼드가 웃는다. 제이미의 분위기는 거만한 경멸로 바뀐다.)

흥! 시골 창녀 집의 뚱보 여자나 달래는 수준으로 떨어지다니! 내가! 브로드웨이 최고 미인들이 달라붙고 매달리게 만들던 내가! (키플링의 '방랑자의 세스티나'를 인용한다.)
"대충 말하자면, 나는 그곳을 다 가보았지,
세상 곳곳으로 데려다주는 행복한 길을."
(술기운에 우울해져서) 적절하지 않아. 행복한 길은 허풍이야. 지루한 길이 맞아. 너를 아무 데나 재깍 데려다주지 않아. 내가 도달한 곳이 바로 그곳이야…… 무의 세계. 대부분의 바보들은 인정하지 않겠지만 모든 사람이 결국 거기로 가게 되어 있어.

에드먼드 (경멸의 말투로) 그만해! 그러다 금방 울겠다.

제이미 (놀란다. 그리고 쓰라린 적대감으로 동생을 한동안 바라본다······ 거친 목소리로): 너무······ 건방지게 굴지 마. (그러다 갑자기) 하지만 네 말이 맞아. 불평은 그만해야지! 팻 바이올렛은 좋은 아이야. 그 애랑 같이 있었던 것 잘한 것 같아. 기독교인다운 행동이지. 그녀의 상처를 치료하다니. 정말 좋은 시간이었어. 너도 나랑 같이 있었어야지, 꼬마야. 네 문제로부터 잠시 벗어나고. 어쩔 수 없는 일 가지고 집에 와서 슬퍼하는 게 무슨 소용이야? 끝났어······ 모든 게······ 일말의 희망도 없이! (말을 멈추고, 취해서 고개를 끄덕이며, 눈이 감긴다······ . 그러다 갑자기 고개를 들고 굳은 얼굴로 빈정대며 시를 낭송한다.)

"내가 가장 높은 언덕에서 교수형을 당한다면,

나의 어머니, 나의 어머니!

누구의 사랑이 여전히 나와 함께 할지 압니다······"

에드먼드 (격하게): 닥쳐!

제이미 (증오를 품고 잔인하고 빈정대는 어조로): 약쟁이 어디 갔어? 자러 갔나?

(에드먼드는 마치 한 대 맞은 듯이 움찔한다. 긴장된 침묵이 흐른다. 에드먼드의 얼굴이 충격을 받고 아파 보인다. 그러다가 분노가 폭발하여 의자에서 튀어 오른다.)

에드먼드: 더러운 개자식!

(형의 얼굴을 가격하지만, 광대뼈를 살짝 스친다. 잠시 제이미도 호전적으로 반응하며 싸우려고 의자에서 반쯤 일어나지만, 자기가 한 말을 갑자기 충격적으로 깨닫고 술에서 깨어나더니, 힘없이 털썩 앉는다.)

제이미 (처량하게): 고맙다, 꼬마야. 내가 분명히 맞을 짓을 했다. 내가 왜 그랬는지…… 술김에…… 너도 알지.

에드먼드 (분노가 사그라들며): 그런 경우가 아니라면 형이 절대로 그런 말을 안 하지…… 하지만, 형, 아무리 취했더라도, 그건 핑계가 안 돼! (잠시 말을 끊고, 처량하게) 때려서 미안해. 형과 내가 결코 싸운 적이 없는데…… 그렇게 심하게. (의자에 털썩 주저앉는다.)

제이미 (목이 메어): 괜찮아. 잘했어. 내 더러운 혀 때문이야. 잘라버려야지. (얼굴을 손에 묻는다. 멍하게) 내 기분이 너무 가라앉아서일 거야. 이번에는 엄마가 나를 완전히 속였거든. 정말 엄마가 극복했다고 믿었어. 엄마는 내가 항상 최악의 상황을 생각한다고 하는데 이번에는 최선을 믿었거든. (목소리가 떨린다.) 엄마를 용서할 수 없을 것 같아…… 아직은. 나한테 너무 중요했거든. 엄마가 이길 수 있으면, 나도 일어설 수 있다는 희망을 품기 시작했었어. (울기 시작한다. 그의 울음이 무서운 것은 그냥 술 취해서 서글프게 우는 게 아니라 말짱한 정신으로 우는 것처럼 보이기 때문이다.)

에드먼드 (자신도 눈물을 억지로 삼키며): 제발, 내가 형 기분을 모르겠어? 그만해, 형!

제이미 (울음을 자제하려고 애쓰며): 엄마에 대해서는 내가 너보다 훨씬 오래 알아 왔어. 내가 처음으로 알게 된 때를 결코 잊지 못해. 엄마가 주사기를 사용하는 현장을 봤거든. 빌어먹을, 그전에는 창녀가 아닌 여자가 마약을 할 거라고는 꿈에도 생각하지 못했어! (휴지) 그런 다음 네가 폐결핵에 걸리는 일이 생겼어. 나는 손들고 말았어. 우리는 친구 이상이었잖아. 너는 나의 유일한 친구야. 나는 네가 정말 좋아. 너를 위해서 뭐라도 할 수 있어.

에드먼드 (손을 뻗어 그의 팔을 토닥거리며): 나도 알아, 형.

제이미 (우는 걸 멈추고 얼굴에서 손을 내리며 묘한 신랄함으로): 내가 항상 최악의 경우를 바란다는 이야기를 엄마와 가스파르 영감이 하는 걸 너는 너무나 많이 들었지? 그래서 너는 아마 내가 이런 생각을 하고 있다고 의심할 거야. 아빠는 늙고 오래 못 사실 것이고, 네가 죽으면 엄마와 내가 모든 걸 물려받을 테니까, 내 희망은 어쩌면……

에드먼드 (분노하며): 닥쳐, 이 멍청아! 도대체 그런 생각은 누가 집어넣은 거야? (비난의 눈으로 형을 노려본다.) 맞아, 그걸 알고 싶어. 도대체 어쩌다 그런 생각을 하게 된 거야?

제이미 (혼란스러워서…… 다시 취한 모습으로): 바보처럼 굴지 마! 내가 말했잖아! 최악의 상황만 기대한다는 의심을 받아왔다고. (술김에 기분이 나빠서) 지금 뭐 하는 거냐? 나를 비난하는 거야? 잘난 척하지 마! 너는 죽었다 깨어나도 나만큼 인생에 대해 알 수 없어! 지식인들의 쓰레기 같은 글 좀 읽었다고 나를 속일 수 있다고 생각하면 안 되지! 너는 몸이 큰 꼬마일 뿐이야! 엄마의 아기이면서 아빠의 귀염둥이! 가족의 희망! 너 요새 허풍이 너무 들어갔어. 아무것도 아닌 걸 가지고! 시골 신문에 시 몇 줄 실린 거 가지고! 나도 대학 다닐 때 문예지에 그보다 훌륭한 글들을 썼다고! 꿈 깨! 세상에 이름을 떨치고 있는 게 아니라고! 시골 촌놈들이 장래가 촉망된다느니 하며 알랑거리니까……

(갑자기 어조가 자신에 대한 역겨움과 뉘우침으로 바뀐다. 에드먼드는 이런 연설을 무시하려고 고개를 돌린 채로 있다.)

이런, 꼬마야, 잊어버려. 무시해버려. 말도 안 되는 이야기야. 네가 두각을 나타내기를 내가 세상의 누구보다 더 바라고 있어. 네가 잘되기 시작했을 때 누구보다도 자랑스러웠어. (술김에 강조하면서) 내가 왜 자랑스럽지 않겠어? 사실 순전히 이기적인 이유에서야. 나한테 공이 돌아오잖아. 너를 키우는데 내가 누구보다 많이 관여했지. 여자에 대해 눈을 뜨게 해준 것도 나야. 네가 호구가 되거나 원치 않는 실수를 하지 않도록! 네가 시를 읽도록 누가 처음에 인도해주었지? 가령, 스윈번 같은 시인? 나야! 내가 한때 작가가 되기를 원했으니까 언젠가 너도 글을 쓸 수 있다는 생각을 심어주었지! 너는 내 동생 이상이야. 내가 너를 만들었어! 너는 나의 프랑켄슈타인이야!

(술 취해 오만한 말투를 사용한다. 에드먼드는 이제 재미있다는 듯이 웃고 있다.)

에드먼드: 좋아. 나는 형의 프랑켄슈타인이야. 그러니 한잔하자고.
  (웃는다) 형은 미쳤어!
제이미 (거친 목소리로): 한잔 마실게. 너는 안 돼. 내가 너를 보살펴야 해. (애정 어리고 우스꽝스러운 미소로 손을 뻗어 동생의 손을 잡는다.) 이 요양원 가는 일 겁내지 마. 너는 물구나무를 서서도 그걸 이겨낼 수 있어. 육 개월만 있으면 화색이 돌 거야. 어쩌면 폐결핵이 아닐지도 몰라. 의사들은 사기꾼이야. 몇 년 전에 나한테 술을 안 끊으면 죽는다고 했는데…… 나 멀쩡히 살아 있잖아. 모두 사기꾼들이야. 돈을 뜯으려고 무슨 짓이든 하지. 이 국립 요양원이라는 곳도 뇌물을 받아먹는 곳임이 틀림없어.

환자 한 명당 수당을 받겠지.

에드먼드 (넌더리 치면서도 재미있어하며): 형은 못 말려! 형은 최후의 심판의 날에도 사람들에게 그런 이야기를 하며 다닐 게 확실해.

제이미: 내 말이 맞을 거야. 심판관에게 잔돈 몇 푼 찔러주면 구원받지만, 빈털터리면 지옥에 가지!

(이런 불경스러운 말을 하고 나서 씩 웃으니, 에드먼드는 웃을 수밖에 없다. 제이미는 계속 말한다.)

"그러니 지갑에다 돈을 챙겨."[08] 그게 유일한 비결이야. (놀리듯이) 내 성공의 비밀이지! 그래서 내가 어떻게 되었나 봐!

(에드먼드의 손을 놓고 그가 크게 한잔 따르게 한 다음 그걸 꿀꺽 마셔버린다. 아련히 사랑을 품은 눈으로 동생을 바라보고, 다시 그의 손을 잡고 투박하지만 납득이 되는 말로 진정성 있게 말한다.)

잘 들어, 꼬마야. 너는 곧 떠나. 이야기할 기회가 또 없을지 몰라. 진실을 말할 만큼 술 취할 일도 없을지 몰라. 그러니 지금

---

08 셰익스피어의 《오셀로》에서 이야고가 로드리고를 유혹할 때 하는 대사.

말할게. 오래전에 이야기했어야 하는 말인데…… 너 자신의 유
익을 위해.

(말을 중단하고 자신과 싸운다. 에드먼드는 감동을 받고 불안한 상태
에서 바라본다. 제이미가 불쑥 말을 뱉는다.)

술 취해서 하는 헛소리가 아니라 일종의 "취중 진담"이야. 진
지하게 들어. 너에게 경고하고 싶었어…… 나를 조심하라고.
엄마와 아빠 말이 맞아. 나는 너에게 매우 나쁜 영향을 미쳤어.
그런데 무엇보다 최악인 것은 일부러 그랬다는 거야.

에드먼드 (불안하게): 닥쳐! 듣고 싶지 않아……

제이미: 아냐, 꼬마야! 들어야 해! 너를 건달로 만들려고 일부러 그
랬어. 아니면 나의 일부가 그랬어. 큰 부분. 너무나 오래전에 죽
어버린 부분. 그 부분은 생명을 싫어하지. 내 실수를 통해 보고
배우라고 일부러 네게 세상을 알려주었어. 나 자신도 그걸 가
끔 믿었지만 그건 가짜야. 내 실수가 멋져 보이도록 한 거야.
술 취한 것을 로맨틱하게 보이게 했어. 실제로는 가난하고, 멍
청하고, 병에 걸린 창녀들을 매력적인 뱀파이어처럼 만들었고.
일은 바보들이나 하는 것이라며 비웃었지. 네가 성공해서 나를
너와 비교했을 때 내가 훨씬 나쁘게 보이는 걸 절대 원하지 않
았어. 네가 실패하기를 바랐어. 너를 항상 질투했어. 엄마의 아

기, 아빠의 귀염둥이! (점점 더 적의를 가지고 에드먼드를 노려본다.) 엄마가 약을 하게 된 건 네가 태어나서였어. 네 잘못이 아닌 건 알지만 그래도, 빌어먹을, 너를 미워할 수밖에 없어!

에드먼드 (거의 두려움에 질려): 형! 그만해! 미쳤어!

제이미: 하지만 오해하지 마, 꼬마야. 너를 미워하기보다는 사랑해. 내가 지금 이 말을 한다는 것 자체가 그 증거야. 네가 나를 미워할 위험을 무릅쓰는 거야. 그리고 너는 내게 남은 전부야. 하지만 마지막 말은 할 생각이 없었지. 그렇게 과거로 거슬러 올라가는 건. 왜 그랬는지 모르겠네. 내가 하고 싶은 말은 네가 세상에서 가장 크게 성공하는 걸 보고 싶다는 거야. 하지만 조심하는 게 좋을걸. 너를 망치기 위해 내가 무슨 짓이든 할 테니까. 어쩔 수가 없어. 나도 나 자신을 미워해. 복수를 해야 해. 모든 사람에게. 특히 너에게. 오스카 와일드의 〈레딩 감옥〉에는 속이 뒤틀린 멍청이가 나와. 그 남자는 죽어, 그래서 자기가 사랑했던 모든 것을 죽여야만 해. 마땅히 그래야만 하고. 나의 죽은 부분은 네가 낫지 않기를 바라지. 어쩌면 그는 엄마가 다시 굴복한 것도 기뻐해! 그는 함께할 사람을 원해. 집에서 자기가 유일한 시체가 되고 싶지 않은 거지! (비통하고 고통스럽게 웃는다.)

에드먼드: 빌어먹을, 형! 정말 미쳤구나!

제이미: 곰곰 생각해보면 내 말이 맞다는 걸 알 거야. 나로부터 멀

리 떠나 요양원에 갔을 때 곰곰이 생각해보라고. 나를 떼어내 버리고…… 네 삶에서 몰아내고…… 나를 죽은 걸로 생각하고…… 사람들한테는 "형이 있었는데 죽어버렸어요"라고 말할 결심을 해. 네가 돌아오면 나를 찾아. 나는 "나의 오랜 친구"라는 말과 함께 너를 환영하기 위해 기다리고 있을 거야. 그리고 악수할 거야. 그리고 기회를 잡기만 하면 너의 등에 칼을 꽂을 거야.

에드먼드: 닥쳐! 더 이상 들을 수가 없어……

제이미 (이 말을 듣지 않은 것처럼): 다만 나를 잊지는 마. 내가 너를 위해 경고했다는 것을 기억해. 그것만은 믿어줘. 형제를 자신으로부터 구하는 것보다 더 큰 사랑은 없나니.[09] (완전히 취해서 머리를 상하로 움직인다) 그것뿐이야. 한결 기분이 낫군. 고해성사했으니. 나를 용서하지, 꼬마야? 너는 이해할 거야. 너는 정말 좋은 아이야. 당연하지. 내가 너를 만들었으니까. 가서 나아서 오너라. 나를 두고 죽지는 마. 너는 내게 남은 전부니까. 하나님의 축복을. (눈이 감긴다. 중얼거린다.) 마지막 잔…… 그리고 뻗어버리는구나.

---

09 "사람이 친구를 위하여 자기 목숨을 버리면 이보다 더 큰 사랑은 없나니" 〈요한복음〉 15장 13절의 패러디이다.

(술 취해 잠들지만, 완전히 잠든 건 아니다. 에드먼드는 처량하게 얼굴을 손에 묻는다. 타이론이 베란다에서 방충망 문을 통해 조용히 들어온다. 화장 옷은 안개로 젖었고 옷깃은 목 주위로 세웠다. 얼굴은 혐오스러운 표정으로 굳었지만, 연민도 서려 있다. 에드먼드는 그가 들어온 걸 깨닫지 못한다.)

타이론 (낮은 목소리로): 잠들어서 다행이다.

(에드먼드가 깜짝 놀라 쳐다본다.)

계속 지껄일 줄 알았더니. (화장 옷의 옷깃을 내린다.) 그냥 내버려 둬서 자게 해야겠다.

(에드먼드는 말이 없다. 타이론이 그를 보더니 계속 말을 한다.)

그가 말하는 마지막 부분을 들었다. 내가 너에게 경고한 것이 바로 그거야. 본인 입에서 나온 말이니 이제 그 경고에 주의를 기울이기 바란다.

(에드먼드는 들었다는 표시를 안 한다. 타이론이 불쌍해서 덧붙인다.)

하지만 마음에 그렇게 깊이 두지는 말아라. 술 취하면 자신을 최악으로 과장하기를 좋아하니. 너를 끔찍이 아끼고 있다. 그에게 남은 마지막 장점이야. (슬픈 표정으로 제이미를 내려다본다.) 참 아름다운 광경이구나! 내 이름을 명예롭고 존엄하게 이어받기를 바랐던, 너무나 앞날이 창창했던 내 맏아들!

에드먼드 (처량하게): 좀 조용히 있으면 안 돼요, 아빠?

타이론 (한잔 따른다): 쓰레기! 완전히 끝장난 파산자, 주정뱅이!

(술을 마신다. 제이미는 아버지가 온 걸 감지하고 부스럭거리더니 몽롱한 상태에서 깨어나려고 애쓴다. 이제 눈을 뜨고 끔벅이며 아버지를 바라본다. 타이론은 얼굴 표정이 더 사나워지며 방어적으로 한 발자국 물러선다.)

제이미 (갑자기 손가락으로 아버지를 가리키며 극적으로 강조를 하며 암송한다.):

"클라렌스가 왔다. 거짓되고, 덧없고, 위증하는 클라렌스.
튜크스베리 들판에서 나를 찌른 놈.
그를 붙잡아라. 복수의 여신이여, 그를 붙잡아 고문하라."[10]
(그리고 앙심을 품고) 뭘 노려보세요?

---

10 셰익스피어의 《리처드 3세》 1막 4장.

(로제티의 시를 냉소적으로 암송한다.)

"내 얼굴을 보라. 내 이름은 '가능성이 있었던 사람'.

또한 '더 이상 없다,' '너무 늦었다,' '안녕'이라고도 불리지."

타이론: 나도 그걸 잘 알고 있어. 그리고 더 이상 보고 싶지 않다.

에드먼드: 아빠! 그만 해요!

제이미 (조롱하듯이): 아빠, 좋은 생각이 있어요. 이번 시즌에《종》을
리바이벌해서 올려요. 분장도 없이 아빠가 잘할 역할이 있어
요. 수전노, 가스파르 영감!

(타이론은 화를 억누르며 몸을 돌린다.)

에드먼드: 닥쳐, 형!

제이미 (빈정대며): 에드윈 부스도 훈련받은 물개만큼 훌륭한 연기
를 하지는 못했을걸요. 물개는 영리하고 정직해요. 연기에 대
해 허풍을 떨지 않는다고요. 자신이 날마다 일용할 물고기나
구걸하는 엉터리 배우라는 걸 인정하지요.

타이론 (찔려서, 그에게 화를 내며 돌아선다): 이 망나니놈!

에드먼드: 아빠! 또 소동을 벌여서 엄마가 내려오시게 할 거예요?
형, 다시 잠이나 자! 벌써 입을 너무 많이 놀렸으니까.

(타이론이 몸을 돌린다.)

제이미 (거친 목소리로): 네 말이 맞아, 꼬마야. 싸우려는 건 아니야.
너무 졸리거든.

(고개를 끄덕이며 눈을 감는다. 타이론은 테이블로 와서 제이미가 보
이지 않는 방향으로 의자를 돌려서 앉는다. 갑자기 그에게도 졸음이
쏟아진다.)

타이론 (무겁게): 네 엄마가 빨리 잠들어서 나도 자러 갈 수 있으면
좋겠다. (졸린 음성으로) 정말 피곤하구나. 예전처럼 밤새지는
못하겠어. 늙었어. 늙고 다되었어. (입이 찢어지게 하품을 하며)
눈을 뜰 수가 없구나. 잠시 눈을 붙여야겠어. 에드먼드 너도 그
러지, 그래? 시간이 가면 엄마가……

(말을 맺지 못한다. 눈이 감기고, 입이 벌어지고, 입으로 크게 숨쉬기
시작한다. 에드먼드는 긴장해서 앉는다. 뭔가 소리가 들리자 의자에서
긴장해서 몸을 앞으로 숙이고, 앞 응접실 너머의 홀을 주시한다. 쫓기
는 듯한 정신 나간 표정으로 펄쩍 뛴다. 뒷응접실에 가서 잠시 숨을 것
처럼 보인다. 그러다가 다시 앉아서 눈을 외면하고, 손은 팔걸이를 꽉
잡은 채 기다린다. 갑자기 벽에 있는 스위치가 올려지면서 앞 응접실

에 있는 샹들리에의 전구 다섯 개가 모두 켜지고, 잠시 후 거기서 누군 가가 피아노를 치기 시작한다. 쇼팽의 간단한 왈츠 중 한 곡의 서두 부분을 서툰 여학생이 처음으로 연습하는 것처럼, 뻣뻣한 손가락으로 잊어버린 듯 더듬거리며 연주한다. 타이론은 깜짝 놀라 잠에서 깨어나 공포에 질리고, 제이미도 머리를 뒤로 젖히며 눈을 뜬다. 한동안 그들은 얼어붙은 듯 귀를 기울인다. 연주는 갑작스럽게 시작한 것처럼 갑자기 멈추고 메리가 문간에 등장한다. 그녀는 잠옷 위에 하늘색 가운을 입고 맨발에 방울 술이 달린 앙증맞은 슬리퍼를 신었다. 얼굴은 전보다 훨씬 창백하다. 눈은 엄청나게 커 보인다. 그리고 윤기 나는 검은 보석처럼 반짝인다. 신비한 것은 그녀의 얼굴이 젊어 보인다는 것이다. 어른으로서 했던 경험은 싹 다림질해서 없어진 듯 보인다. 그것은 소녀다운 순수함으로 가득찬 대리석 같은 얼굴이고, 입은 수줍은 미소를 머금었다. 흰 머리는 두 갈래로 땋아 가슴 위에 늘어져 있다. 한쪽 팔에는 마치 그걸 들고 있다는 사실을 잊고 있는 것처럼 바닥에 질질 끌리는 레이스가 달린 구식의 백색 공단 웨딩드레스가 아무렇지 않게 들려 있다. 그녀는 뭔가 가지러 방으로 왔다가 도중에 멍해져서 그게 뭔지 잊어버린 사람처럼 이마를 찌푸리며 방을 둘러보며 문간에서 망설인다. 모두 그녀를 쳐다본다. 그녀는 그들을 의식한다. 그러나 가구나, 창문처럼 거기에 자연스럽게 속한 것으로 받아들여서 거기 신경 쓸 여유는 없는 친숙한 물건을 대하듯 한다.)

제이미 (침묵을 깨며, 신랄하고 자기방어를 하듯이 냉소적으로): 미친 장면. 오필리아 등장!

(아버지와 동생이 사납게 그를 향한다. 에드먼드가 더 빠르다. 그는 손등으로 형의 입을 때린다.)

타이론 (분노를 억누르느라 떨리는 목소리): 잘했다, 에드먼드. 더러운 깡패 같은 놈! 제 어미한테!

제이미 (원한 없이 죄스러운 마음으로 중얼거린다): 잘했어, 꼬마야. 맞아도 싸지. 하지만 내가 말했지. 내가 얼마나…… (손으로 얼굴을 감싸고 울기 시작한다.)

타이론: 내가 너를 내일 시궁창에 차 넣을 테다, 반드시. (하지만 제이미가 우는 것을 보고 분노가 사그라져서 몸을 돌려 아들의 어깨를 흔들며 사정한다) 제이미, 제발, 멈춰!

(그러자 메리가 말하기 시작하고, 그들은 그녀를 보며 모두 다시 침묵에 빠진다. 그녀는 이런 일들에 대해 조금도 주의를 기울이지 않는다. 그건 단지 이 방의 낯익은 분위기의 일부, 그녀가 집중하는 것을 전혀 흩트리지 않는 배경에 지나지 않는다. 그리고 그녀는 그들이 아니라 자신에게 소리 내어 말하기 시작한다.)

메리: 피아노를 너무 못 쳐. 연습을 너무 안 했어. 테레사 수녀님이
　　엄청나게 혼내실 거야. 특별 레슨을 받으라고 아버지가 그렇게
　　많은 돈을 쓰시는데 그러면 되느냐고 하시겠지. 수녀님 말씀
　　이 맞아. 아버지는 너무나 좋으시고 너그러우신데, 그리고 나
　　를 자랑스러워하시는데 이러는 건 말이 안 되지. 이제부터 매
　　일 연습할 거야. 그러나 내 손에 크게 문제가 생겼어. 손가락이
　　너무 뻣뻣해져서…… (손을 들고 겁에 질려 놀라는 표정으로 살펴
　　본다.) 마디마디가 다 부었어. 너무 흉측해. 양호실에 가서 마사
　　수녀님께 보여야겠어. (애정 어리고 다정한 신뢰의 미소를 지으며)
　　수녀님은 나이가 많으시고 성질이 까다롭지만 그래도 너무 좋
　　아. 그리고 수녀님 약장에는 어떤 병이라도 다 치료할 수 있는
　　것들이 있어. 손에 바를 것을 주시면서 성모마리아께 기도드리
　　면 금방 다 나을 거라고 말씀하시겠지.

　　(손은 잊어버리고 웨딩드레스를 질질 끌고 방으로 들어온다. 이마를
　　찌푸리고 다시 멍하게 둘러본다.) 가만있자, 내가 뭘 찾으러 여기
　　왔지? 내가 왜 이렇게 정신이 없지. 큰일이야. 늘 몽상에 잠기
　　고 잊어버리니.

타이론 (목소리를 죽여서): 에드먼드, 엄마가 들고 있는 게 뭐냐?

에드먼드 (덤덤하게): 웨딩드레스인 것 같은데요.

타이론: 맙소사! (일어서서 그녀의 길을 막아선다…… 고뇌에 차서) 메
　　리! 뭐가 부족해서 ……? (자제하며…… 부드럽게 설득하는 말투

로) 자, 이리 줘요, 여보. 그렇게 바닥에 옷을 끌고 다니면 밟혀서 찢어지고 더러워질 테니까. 그리고 나중에 후회할 거요.

(그녀는 내면의 먼 곳에서부터 그를 바라보면서, 그를 알아보지도 않고, 애정이나 적대감이 없이, 그에게 드레스를 준다.)

메리 (자신의 짐을 덜어주는 나이 든 신사를 향해 교육을 잘 받은 소녀가 보이는 수줍은 정중함으로 말한다.): 감사합니다. 매우 친절하시네요. (잘 모르는 물건에 관심을 보이듯 웨딩드레스를 본다.) 웨딩드레스이군요. 정말 예쁘죠? (얼굴에 그림자가 스쳐 가며 막연히 불안한 표정을 보인다.) 이제 기억나요. 다락방 트렁크에서 찾았어요. 그걸 내가 왜 찾았는지 모르겠어요. 나는 수녀가 될 건데. 그러니까, 내가 찾을 수만 있으면…… (다시 이마를 찌푸리며 방 안을 둘러본다.) 내가 찾던 게 뭐였지? 내가 잃어버린 건데. (타이론을 자기 길을 막는 장애물 정도로 인식하며 타이론에게서 물러난다.)

타이론 (절망적으로 호소한다): 메리!

(그러나 그 호소는 그녀가 몰두한 상태를 뚫고 들어가지 못한다. 그의 말을 못 듣는 것 같다. 그는 하는 수 없이 포기하고 자신 속으로 침잠한다. 방어적인 취기도 사라져서 아프고 술이 깬 상태가 된다. 무의식적으로 서툴게 보호하듯이 품에 웨딩드레스를 안고 의자에 주저앉

는다.)

제이미 (얼굴에서 손을 떼고 시선을 테이블 위에 둔다. 그도 갑자기 술이
    깼다…… 덤덤하게): 소용없어요, 아빠. (그는 스윈번의 "작별 인
    사"를 담담하게, 그러나 쓰라린 슬픔을 담아 훌륭하게 낭송한다.)
    "우리 이제 일어나서 작별하자. 그녀는 알지 못하리.
    바람이 가듯이 우리도 바다로 향하자,
    실리어 온 모래와 거품으로 가득 찬. 여기에 있는 게 무슨 소
    용이 있으랴?
    이 모든 것들이 그러하듯이, 소용이 없네.
    그리고 온 세상은 눈물처럼 쓰다.
    이 모든 것들의 상태를 그대가 아무리 애써 보여준들
    그녀는 알지 못하리."

메리 (주변을 둘러보며): 내게 꼭 필요한 건데. 완전히 잃어버리지는
    않았을 거야. (제이미 의자 뒤쪽에서 돌아다니기 시작한다.)
제이미 (돌아서서 그녀의 얼굴을 쳐다본다. 아버지에 이어서 그도 간절하
    게 호소한다.): 엄마! (그녀에게는 들리지도 않는다. 그는 절망적으로
    고개를 돌린다.) 빌어먹을! 무슨 소용 있어요? 소용없어요. (더
    격렬한 비통함을 가지고 "작별 인사"를 다시 암송한다.)
    "나의 노래들이여, 이제 가버리자. 그녀는 듣지 않을 테니.

두려움 없이 같이 가버리자.

노래 시간은 끝났으니, 이제 침묵을 지키자.

모든 낡은 것들과 모든 소중한 것들이 끝났다.

그녀는 우리가 모두 그녀를 사랑했듯이 우리를 사랑하지 않
는다.

그래, 우리가 그녀의 귀에 천사처럼 노래할지라도,

그녀는 듣지 않으리."

메리 (주변을 돌아보며): 꼭 필요한 건데. 내 기억에 그게 있으면 외
롭거나 두렵지 않았어. 아주 잃어버린 건 아닐 거야. 그런 생각
이 들면 죽을 거야. 왜냐하면 그렇게 되면 아무 희망이 없을 테
니까.

(그녀는 몽유병자처럼 제이미의 의자 뒤로, 에드먼드 뒤를 지나 왼쪽
전면으로 나오며 계속 움직인다.)

에드먼드 (충동적으로 몸을 돌리며 엄마의 팔을 잡는다. 하소연할 때 그
는 어찌할 바를 모르는 상처받은 어린 소년처럼 보인다.): 엄마! 여름
감기가 아니에요! 나는 폐결핵에 걸렸어요!

메리 (한순간 그의 말이 그녀에게 전해진 것처럼 보인다. 그녀는 떨면서
공포에 질린 표정이 된다. 자신에게 명령을 내리듯이 정신 나간 것처
럼 외친다.): 안돼! (그리고 즉시 초연한 상태로 돌아간다. 부드럽지
만 아무 감정이 없이 중얼거린다.) 나를 만지면 안 돼. 나를 잡으려

고 하면 안 돼. 나는 수녀가 될 것이기 때문에 그건 옳지 않아.

(에드먼드가 엄마의 팔을 놓는다. 그녀는 왼쪽으로 움직여 창문 밑에 있는 소파 앞쪽 끝으로 가서 손을 무릎에 포개고 얌전한 여학생의 포즈로 정면을 향해 앉는다.)

제이미 (연민과 질투심이 뒤섞이고 고소해하는 이상한 표정으로 에드먼드를 바라본다.): 이 바보야. 소용없어. (다시 스윈번의 시를 낭송한다.)
"우리 떠나가세, 떠나가세. 그녀는 보지 않을 것이니.
다 같이 한 번 더 노래하세. 분명히 그녀는,
과거의 말들과 시절을 기억하면서, 그녀 또한
한숨을 쉬며 우리를 향해 약간 돌아설 테니. 하지만 우리는,
우리는 멀리, 사라지네, 마치 우리가 거기에 없었던 것처럼.
아니, 보는 모든 사람들이 나를 불쌍히 여겨도,
그녀는 보지 못할 것이네."

타이론 (절망적인 멍한 상태를 떨쳐버리려 하며): 우리 모두 바보처럼 신경을 쓰고 있구나. 빌어먹을 독 때문이야. 근데 엄마가 이렇게 깊이 빠진 적은 없었던 것 같은데. (거친 목소리로) 제이미, 술병을 다오. 그리고 그 빌어먹을 병적인 시는 더 이상 읊지

마. 내 집 안에서는 허용하지 않을 거야!

(제이미가 병을 그에게 밀어준다. 그는 다른 팔과 무릎에 조심스럽게 안고 있는 웨딩드레스를 흐트러뜨리지 않고 한 잔 따르고 병을 도로 밀어준다. 제이미도 한잔 따르고 병을 에드먼드에게 주고 그도 한잔 따른다. 타이론이 잔을 드니 두 아들도 기계적으로 그를 따라서 한다. 그러나 그들이 마시기 전에 메리가 말을 하고, 그들은 천천히 잔을 테이블에 내려놓고 그것을 잊어버린다.)

메리 (꿈꾸듯이 앞을 바라본다. 그녀의 얼굴은 이상할 정도로 젊고 순수하다. 크게 혼자 말할 때 입술에는 수줍지만, 열성과 신뢰가 가득한 미소가 번진다.): 엘리자베스 수녀원장님과 이야기를 나누었어. 너무나 다정하고 좋은 분이야. 이 땅에 있는 성인이야. 그분을 너무나 사랑해. 죄가 될지 모르지만, 우리 엄마보다도 그분을 더 사랑해. 왜냐하면 말을 꺼내기도 전에 언제나 이해하시기 때문이야. 그분의 다정한 푸른 눈은 마음을 꿰뚫어 보고 계셔. 그분에게는 비밀을 숨길 수가 없어. 속이고 싶을 정도로 못된 사람도 그분을 속일 수 없어. (약간 반항적으로 머리를 처들고 소녀처럼 화가 나서) 그렇지만 이번에는 이해심이 부족하신 것 같아. 수녀원장님께 내가 수녀가 되고 싶다고 말씀드렸어. 내 소명에 대해 내가 얼마나 확신하는지 설명했어. 성모마리아께 내가 확신하게 해달라고, 내가 그만한 가치가 있는 사람이라는 걸 깨달을 수 있도록 기도해 왔다고 설명했어. 내가 호수의 작은 섬에 있는 루르드 성당에서 기도하고 있을 때 진짜 환상을 보았다고 수녀원장님께 말씀드렸어. 내가 거기서 무릎을 꿇고 있는 걸 확신하듯이, 성모마리아가 미소를 지으시며 승낙의 미소를 지으셨다는 것을 확신했다고 말씀드렸어. 하지만 엘리자베스 수녀원장님은 그보다 더 큰 확신이 나에게 있어야 한다고, 단순히 나의 상상이 아니었다는 것을 증명해야 한다고 내게 말씀하셨어. 만약 그렇게 확신한다면 졸업 후에 집에 가서 다른 여자애들이 사는 것처럼 파티와 무도회도 가고 자신을 즐기면서 나 자신을 시험해보라고 말씀하셨어. 1년이나 2년이 지난 후에 그때도 여전히 확신한다면 다시 와서 수녀원장님과 면담하자고 하셨어. (고개를 휙 튕기면서…… 화가 나서) 수녀원장님이 그런 충고를 하실 줄은 꿈에도 몰랐어! 정말 충격받았어. 물론 말씀하신 것은 무엇이라도 하겠다고 말씀드렸지만 그건 그냥 시간 낭비라는 걸 알았어. 수녀원장님을 만나고 나오면서 너무 혼란스러워서 다시 그 작은 성당으로 가서 성모마리아께 기도를 드렸고 평화를 찾았지. 왜냐하면 마리아께서 내 기도를 들으시고 언제나 나를 사랑하시고 내가 믿음을 잃지 않는 한 어떤 해도 당하지 않게 하실 것을 알았기 때문이야.

(그녀가 말을 잠시 멈추자 점점 불안한 기색이 얼굴에 퍼진다. 머릿속

에서 거미줄을 걷어내듯이 손으로 이마 위를 쓰다듬는다…… 막연하
게) 그건 4학년 겨울이었어. 그리고 봄에 내게 뭔가 일어났어.
그래, 기억이 나. 나는 제임스 타이론과 사랑에 빠졌고 한동안
너무나 행복했지.

(슬픈 꿈속에서 정면을 바라본다. 타이론은 의자에서 몸을 움직인다.
에드먼드와 제이미는 꼼짝하지 않는다.)

막

타오하우스
1940년 9월 20일

작가 소개

이형식

"미국 현대연극의 아버지"라고 불리는 유진 오닐은 1888년에 연극배우이자 아일랜드계 이민이었던 제임스 오닐(James O'Neill)의 아들로 태어났다. 아버지의 공연을 따라 계속 이곳 저곳을 옮겨 다녔던 그는 호텔에서 태어나 호텔에서 생을 마감했으며 따라서 그의 전 생애는 그의 작품 제목처럼 "긴 여행"이라고 볼 수 있을 것이다. 자신이 태어날 때 인색한 아버지가 돌팔이 의사를 부르는 바람에 어머니가 몰핀 중독이 되었다고 생각한 오닐은 아버지의 이러한 완고함과 편협함, 인색함에 반항했고 동시에 어머니에게는 죄책감을 가지고 있었다. 프린스턴 대학교에 입학했지만 도중에 중퇴하고 어린 나이에 캐슬린 젠킨스(Kathleen Jenkins)와 결혼을 하여 아들까지 낳은 그는 하나의 도피로서 배를 탔고 서인도제도와 남미까지 여행을 하는 해양 생활을 경험하였다. 오랜 바다 생활에 몸이 쇠약해져 폐결핵에 걸린 그는 요양원에 입원하게 되고 거기서 니체와 스트린드베리 등 유럽의 작가들을 만나게 된다.

오닐은 캐슬린 젠킨스와의 이혼 후 배우였던 애그니스 볼튼

(Agnes Boulton)과 재혼하여 우나(Oona)와 셰인(Shane)이라는 두 명의 자녀를 두게 된다. 우나 오닐은 18세의 나이에 오닐과 나이가 비슷한 찰리 채플린과 결혼을 함으로써 아버지의 마음을 상하게 했고 셰인은 마약 중독자로 있다가 나중에 자살을 했다. 그의 첫 번째 결혼에서 태어난 아들이자 예일 대학의 교수로 있던 유진 오닐 2세 또한 40세의 나이에 자살을 함으로써 아버지보다 먼저 생을 마감하였다. 유진 오닐의 형 제이미 또한 45세의 나이로 알 콜 중독으로 사망하는 등 오닐의 가계는 불행으로 점철되어 가족학을 연구하는 학자들은 오닐의 가계도를 흥미로운 사례로 연구할 정도이다. 오닐은 두 번째 아내와 이혼한 후 칼로타 몬터레이 (Carlotta Monterey)와 세 번째로 결혼을 하였고 몬터레이는 그의 사후인 1956년에 그의 사후 25년간 발표하지 말라고 했던 《밤으로의 긴 여로》(Long Day's Journey into Night)를 출판 공연하도록 허락함으로써 그에게 네 번째 퓰리처상을 안겨주었다.

　　유진 오닐이 미국 연극에 끼친 영향과 공헌은 새삼 재론의 여지가 없을 정도로 지대하고 분명하다. 19세기 말 유럽에서 이미 시작되었던 사실주의와 자연주의를 미국에 본격적으로 도입하고 실험했을 뿐만 아니라 한가지 양태에 안주하기를 거부하고 부단한 실험정신으로 미국적 주제를 표현할 합당한 형태를 끊임없이 추구하였던 그는 미국 연극사에 독보적으로 우뚝 설 만한 거인이라고 할 수 있다. 그가 토대를 다져 놓은 미국 연극의 전통은 오늘날에 이르기까지 수많은 극작가에 의해 계승되고 있으며 연극을 써 보려고 시도하는 극작가라면 누구나 그로부터의 "영향력의 불안"을 항상 느끼고 있다고 해도 과언이 아닐 것이다.

물론 그가 등장하기 전에도 미국 연극은 존재하였고 대중적인 인기를 누렸었다. 그러나 20세기 이전의 미국 연극은 언제나 영국 연극에 눈을 돌리면서 그 추이를 답습하는 의존적 단계에 머물러 있었다. 더구나 19세기에 유럽에서 유행한 웰메이드 플레이(well-made play)는 여흥으로서의 볼거리를 추구하던 미국 연극 흥행주들에게 상업적인 성공을 보장해주는 안전한 장르로 여겨지게 되었다.

오닐은 그의 아버지 시대에 유행했던 멜로드라마, 즉 성공이 어느 정도 보장된 장르의 유혹을 거부해야만 하는 부담을 안고 작가로서의 발을 내딛었다. 그가 처음에 모델로 삼았던 작가들은 유럽 연극 사조의 획을 그었던 자연주의 작가들이었다. 결핵으로 요양원에 입원했을 때 접하게 된 스트린드베리(August Strindberg)의 영향을 특히 많이 받았던 그는 유전과 환경을 인간의 운명을 결정 짓는 두 요인으로 파악하는 자연주의에 매료되었다. 그의 초기 해양극들은 이러한 영향을 반영한다.

그러나 그는 한가지 장르에 안주하기를 거부하였다. 1916년 《카디프를 향하여 동쪽으로》(Bound East for Cardiff)를 발표하고 1920년 《지평선 너머》(Beyond the Horizon)로 퓰리처 상을 수상한 그는 바로 같은 해에 미국 표현주의 연극의 표본으로 여겨지는 《황제 존스》(The Emperor Jones), 《털복숭이 원숭이》(The Hairy Ape) 등을 발표함으로써 그의 실험적 열정을 보여주었다. 1924년의《느릅나무 밑의 욕망》(Desire Under the Elms)은 그의 자연주의 계열 작품의 마지막이라고 볼 수 있는데 작품 발표 연도에서 볼 수 있듯이 "자연주의 → 실험극 → 자연주의"로 파악되는 그의 작품 경향의 추이는 중첩되는 부분을 포함하고 있다. 그리고 그의 말기에 다시 등장하는 자연주의는 그가 실험극을 쓰면서 축적했던 성숙된 안목을 반영하고 있다.

본격적인 예술극을 쓰는 작가가 당시까지 부재했던 탓에 오닐의 등장은 예술적인 연극을 갈망하던 지식층 관객과 비평가들에게 신선한 충격으로 다가왔다. 오닐이 연극적 형태의 실험에만 끊임없는 정열을 보인 것은 아니었다. 《상복이 어울리는 엘렉트라》(Mourning Becomes Electra), 《이상한 막간극》(Strange Interlude), 《나사로 웃다》(Lazarus Laughed) 등의 극에서 볼 수 있듯이 그는 희랍과 고전에서 현대 비극의 정신을 구현할 수 있는 모델을 찾았으며 이것이 형태에서의 실험으로 연결되었던 것이다. 이러한 그의 시도는 실제보다 과장되게 그의 작품을 평가받도록 했으며 따라서 그의 야심 자체를 그의 업적으로 혼동하는 결과를 가져왔다. 그는 성숙하기도 전에 최고의 작가의 위치에 올라 선 것이다. 그러나 1936년 이후 그의 인기와 명성은 하락하기 시작했고 아서 밀러(Arthur

Miller)와 테네시 윌리엄즈(Tennessee Williams) 등 그의 뒤를 잇는 작가들이 등장하던 1940년대에 발표한《얼음장수 오다》(The Iceman Cometh)등의 그의 후기극들은 초연 당시에는 관객들에게 외면당했다.

로버트 브루스틴(Robert Brustein)은 이때부터 그의 진정한 성장이 시작되었다고 말한다. 외부적인 명성이 쇠락할 때 그는 자신의 내부를 향해 눈을 돌리기 시작했고 트래비스 보가드(Travis Bogard)의 말대로 "미국 사실주의 연극의 가장 뛰어난 업적"인《밤으로의 긴 여로》가 탄생하게 된 것이다.

작품 해설

4막이라는 흔하지 않은 구조를 취하고 있는 이 극은 4명의 등장인물이 연주하는 4중주라는 평가를 받아왔다. 이 작품은 극에 한명의 주인공이 있어야 된다는 관행을 깨뜨리고 네명의 상호관계에 촛점을 맞추고 있다. 그러면서 다른 한편으로는 고전적인 삼일치를 지키고 있는데 이것은 주제를 치밀하고 밀도있게 전개해 나가는데 효과적으로 작용하고 있다. 이 극은 오닐의 생애의 전환점이 되었던 1912년의 하루가 시간적 배경이며 오전 8시반, 오후 12시 45분, 저녁 6시 반, 자정까지 타이론 집안의 여름 별장에서 전개된다. 제목이 암시하듯이 극적 행동은 아침에서 밤으로 진행하지만 네명의 등장인물들이 겪는 내면적인 여행은 각각 다를 수가 있다. 프레드릭 카펜터(Frederick Carpenter)는 이 심리적인 밤으로의 여행이 각자에게 다른 여행이라고 지적하면서 그것이 어머니에게는 마약의 안개와 환상으로의 슬픈 여행, 제이미에게는 냉소와 절망으로의 희망이 없는 여행, 아버지에게는 잘못된 길로 빠지는 비극적 여행이지만 에드먼드에게만은 그것이 "밤을 넘어 서는 여행"이며 이 극이 그에게 있어서는 "오이디푸스와 같은 발견의 극이다"라고 말한다. 반면 브루스틴은 이 여행이 에드먼드에게 "밤으로부터 빠져나와서 빛으로 나아가는, 인간과 예술가로서 자신의 진정한 역할을 깨닫게 되는" 여행이 된다고 주장한다.

《밤으로의 긴 여로》에서 극의 플롯은 1912년의 어느 하루를 시점으로 설정하고 있지만 스토리는 타이론 가족의 이주와 메리의 어린 시절까지 거슬러 올라간다. 네명의 등장인물이 각각 엮어내는 이야기는 동일한 사건을 각자의 시각으로 투과시켜 재해석한 이야기이다. 극이 진행되면서 관객은 네사람의 이야기를 짜맞추어 전체적이고 유기적인 그림을 그려내야 한다. 예를 들어서 메리의 마약 중독을 메리의 시점에서 보면 에드문드의 출생, 돌팔이 의사의 고용, 또 나아가서 궁극적으로는 제임스와의 결혼에까지 그 원인을 돌릴 수 있지만 제임스 타이론의 시각에서는 다른 이야기가 제시된다. 이러한 분석은 에드먼드의 병, 제임스 타이론의 인색함, 제이미의 퇴폐적인 생활 태도 등 이 작품에서 거론되는 모든 중요한 이슈에 적용될 수 있다.

타이론가의 모든 비극은 제임스 타이론이 아내가 해산할 때 돌팔이 의사를 써서 마약 중독에 걸리게 한데서 비롯되는 것처럼 보인다. 그래서 그에게 공격의 화살과 책임 추궁이 가장 많이 향하기는 하지만 가족 구성원 모두가 서로에게 잘못을 저지르고 있기 때문에 현재의 불행을 메리처럼 운명의 탓으로 돌릴 것인지 자신의 잘못에 돌릴 것인지가 분명하지 않다. 마약을 끊어버리지 못한다고 비난을 받는 메리는 에드먼드를 낳을 때 제임스가 돈을 절약하기 위해 돌팔이 의사를 고용한데 그 책임을 돌릴 수 있으며, 병적이고 퇴폐적인 시를 좋아하며 비관적인 생각을 갖고 있다고 아버지로부터 질책을 듣는 에드먼드는 어머니로부터 물려받은 섬세함과 신체의 허약성, 그리고 형으로부터의 나쁜 영향에 잘못을 전가할 수 있으며, 제이미가 어른이 되도록 자리를 잡지 못하고 술집에나 다니며 퇴폐적 생활을 하는 것도 사실은 아버지 때문이며, 인색함 때문에 비난을 받는 제임스 또한 자기의 가난하게 자란 환경에 그 책임을 돌릴 수 있을 것이다. 잘못과 책임의 고리가 서로 물려서 진정 누구의 책임인지 모를 정도가 된 것이다. 어쩌면 메리의 말처럼 인생이 가장 많은 책임을 져야 할지도 모른다.

네 사람이 엮어내는 이 극은 마지막에는 네 사람이 자기 입장에서 피력하는 독백이 되어버린다. 서로의 결점을 들추어내고 그것에 대한 책임 추궁이 3막까지 계속되다가 4막에 와서야 서로가 긴 독백을 통해서 자신의 잘못을 인정하고 그것을 통해 서로에 대한 이해와 동정이 가능하게 되는 것이다. 아버지의 자라온 환경에 대한 설명을 듣고 에드먼드는 "아버지 그런 이야기를 제게 해주셔서 기뻐요. 이제 아버지를 더 잘 이해하게 되었어요"라고 말한다. 제이미 또한 동생에게 술과 염세적 사상과 시를 가르쳐 준 것이 부모의 사랑을 독차지하는 그를 시기하여 고의적으로 그에게 나쁜 영향을 주려는 의도에서였다고 고백을 한다.

이처럼 인생이 자기의지에 의해 결정되는가 아니면 운명에 맡겨진 존재인가에 대한 문제가 후기극에서는 절실하게 다루어지는 문제인데 오닐은 이 작품에서 운명과 자유의지 사이의 긴장 속에 놓여있는 존재로서의 인간을 묘사한다. 인간은 양극의 중간에 매달려 결정을 하면서 또 결정을 당하면서 사는 운명인지도 모른다.

오닐이 꾸준히 견지하고 있던 인생에 대한 관점, 즉 "인생은 가망 없이 갈라져 있는 대극성 사이에 매달려 있다"라는 철학이 이 작품에서도 현실과 환상, 현재와 과거, 사랑과 미움, 자유의지와 운명의 관계를 통해서 나타난다. 인간이 환상과 현실 사이를 방황하며 살아야 한다는 것을 충격적으로 다시 보여주는 장면이 메리가 마약에 취해 과거의 환상으로 되돌아가서 웨딩드레스를 입고 나오는 장면이다. 이렇게 중간에 매달린 상태에서 인간이 할 수 있는 최선의 일은 자기의 책임을 인식하고 상대방의 처지를 이해와 용서로 받아들이는 길 뿐이라는 것을 오닐은 말한다. 깊은 이해와 동정을 가지고 네 명의 타이론 가족을 용서하는 마음에서 "눈물과 피로 쓴" 이 작품은 인생에 대한 오닐의 최종적인 이해를 표현하고 있다.